Das große Weihnachtsbuch

Lieder, Geschichten, Bastelideen und Rezepte

Abkürzungen

EL	Esslöffel	kJ	Kilojoule
TL	Teelöffel	EW	Eiweiß
kg	Kilogramm	F	Fett
g	Gramm	KH	Kohlenhydrate
l	Liter	Bd.	Bund
ml	Milliliter	Msp.	Messerspitze
gestr.	gestrichen	Min.	Minuten
geh.	gehäuft	Std.	Stunde/n
TK	Tiefkühl…	1 kJ = 0,239 kcal	
kcal	Kilokalorien	1 kcal = 4,184 kJ	

compact via ist ein Imprint der Compact Verlag GmbH

© 2011 Compact Verlag GmbH München

Redaktion: Anja Fislage
Produktion: Wolfram Friedrich
Titelabbildungen: fotolia.com/Torbz, fotolia.com/Cane Hoyer (Hintergrundbild)
Layout: h3a GmbH, München
Umschlaggestaltung: EKH Werbeagentur GbR

ISBN 978-3-8174-8256-6
2011 2012 2013 2014 2015   10 9 8 7 6 5 4 3 2

Besuchen Sie uns im Internet: www.compact-via.de

Inhalt

Morgen, Kinder, wird's was geben ...

Weihnachten ist das Fest der Liebe und der Familie. In der Zeit vom 1. Dezember – wenn das erste Türchen am Adventskalender geöffnet wird – bis zum 6. Januar, den Heiligen Drei Königen, ist dieses Buch ein Begleiter voller Ideen und praktischer Anregungen für die ganze Familie. Um die Weihnachtszeit harmonisch und kreativ zu gestalten, finden Sie in diesem Hausbuch neue und bekannte Geschichten zum Vor- und Selbstlesen, originelle und leichte Weihnachtsbasteleien für Kinder, klassische Weihnachtslieder, köstliche Rezepte für süße Leckereien sowie festliche Haupt- und Vorspeisen für die ganze Familie.

Das erste Kapitel widmet sich der erwartungsvollen Zeit des Advents. Viele leckere Backrezepte vom knusprigen Adventsdorf über die klassischen Vanillekipferl bis hin zum Orangen-Schoko-Konfekt versüßen Ihnen die Wartezeit. Die Bastelanleitung für den selbst gemachten Adventskalender darf hier natürlich nicht fehlen. Die Vorfreude auf das große Fest steigert sich außerdem beim Basteln von Weihnachtsbaumschmuck oder liebevollen Geschenkanhängern. Die Zeit verfliegt schließlich im Nu, wenn die Kinderohren den Erzählungen von Engel, Elch & Co. lauschen. Stimmungsvolle Adventsgedichte und -lieder runden das Angebot ab.

Im zweiten Kapitel stellen sich Nikolaus und sein Gefährte Knecht Ruprecht in ausgewählten Gedichten, Liedern und Geschichten vor. Spezialseiten bieten unterhaltsames und interessantes Hintergrundwissen: Wie zum Beispiel heißt der Nikolaus in der Türkei, und wie nennt sich der französische Knecht Ruprecht? Wer bringt den italienischen Kindern die Geschenke? Und wie feiern die Engländer Weihnachten?

Wärmendes für Körper und Seele in der kalten Jahreszeit bietet das Kapitel „Der Winter ist da": Winterliche Kochrezepte wie etwa der russische Borschtsch oder Reispudding mit Mandeln und Zimt sorgen für saisongerechte Abwechslung auf dem Tisch, und fröhliche Lieder machen Lust auf Schneegestöber. Klassische Wintermärchen, z. B. „Der Schneemann" von Hans Christian Andersen oder „Die Sterntaler" von den Brüdern Grimm, sowie winterlich inspirierte Bastelanleitungen sind für gemütliche Wintertage genau das Richtige.

Und dann heißt es: „Fröhliche Weihnacht"! Im letzten Kapitel findet sich eine Auswahl an Rezeptvorschlägen für die Festtage von der Vorspeise bis zum Dessert. Feierliche Weihnachtslieder, -gedichte, -geschichten und nicht zuletzt unser Weihnachtsquiz verkürzen die Wartezeit, bis das Christkind das Glöckchen läutet.

Wir wünschen Ihnen viel Freude mit diesem Buch und eine besinnliche und frohe Weihnachtszeit – mit vielen schönen Stunden in der Familie!

Advent, Advent

Anhänger aus Wellpappe

Material:

Ausstechformen für Plätzchen
Wellpappe in verschiedenen
Farben
Bleistift
Schere

Klebestift
Gold- und Silberstift
Glitzer
Zahnstocher
Gold- und Silberfaden

Schwierigkeitsgrad:
mittel

Und so geht's:

1. Als Weihnachtsmotive eignen sich Sterne und Tannen besonders gut. Nimm als Vorlage am besten Ausstechformen in verschiedenen Größen.

2. Lege deine unterschiedlich großen Stern- oder Tannenformen nebeneinander auf die Rückseite der Wellpappe und zeichne die Konturen nach. Dann schneide sie aus.

3. Klebe einen kleineren Stern auf einen großen Stern beziehungsweise eine kleine Tanne auf einen größere. Zeichne zum Schluss noch die Wellen mit einem Gold- oder Silberstift nach.

4. Fertige einen weiteren Anhänger an. Bestreiche diesen mit Klebstoff und streue Glitzer darüber. Lass alles gut trocknen und schüttle den überschüssigen Glitzer ab.

5. Bohre mit dem Zahnstocher ein kleines Loch in den Zacken des großen Sterns oder in die Spitze der größeren Tanne. Fädle einen Gold- oder Silberfaden hindurch und verknote die Enden. Nun kannst du deine Anhänger am Fenster, an einem Tannenzweig und sogar am Weihnachtsbaum aufhängen.

Tipp

Rote und grüne Wellpappen eignen sich für die Weihnachtsanhänger am besten und lassen sich mit Gold sehr gut kombinieren. Blau sieht mit Silber besonders hübsch aus.

Adventsdorf

Extra für Kinder

Zutaten:

Für den Teig:
300 g Zuckerrübensirup
160 g brauner Zucker
200 g Butter
100 ml Milch
520 g Weizenmehl
280 g zarte Haferflocken
1 Päckchen Lebkuchengewürz
3 TL Backpulver

Für die Verzierung:
250 g Puderzucker
6 EL Zitronensaft
Nüsse, Anissterne
Aprikosenstreifen

Zubereitungszeit: 60 Min.
Ruhezeit: 10 Min.
Backzeit: 10 Min.

Nährwerte pro Stück:
182/773 kcal/kJ
1 g EW, 8 g F, 27 g KH

Tipp
Du kannst in jedem Häuschen eine kleine Überraschung verstecken.

Und so geht's:

1. Vermische Sirup, Zucker, Butter, Milch, Mehl, Haferflocken, Lebkuchengewürz und Backpulver nach und nach miteinander und verknete alles zu einem glatten Teig. Stelle ihn für ca. 10 Minuten in den Kühlschrank.

2. Anschließend verteilst du den Teig gleichmäßig auf 2 gefettete Backbleche und rollst ihn mit einem Nudelholz aus. Danach kannst du mit einem Teigrädchen jeweils 36 gleich große Rechtecke ausradeln (längs sowie quer je 6 Streifen). Danach muss der Teig im auf 200 Grad Celsius vorgeheizten Backofen auf mittlerer Schiene ca. 10 Minuten backen. Am besten hilft dir jemand dabei, die Bleche hineinzuschieben.

3. Nun geht es an die Verzierung. Verrühre Puderzucker und Zitronensaft und fülle die Masse in einen Spritzbeutel. Breite 24 Lebkuchen vor dir aus. Jetzt kannst du mit dem Spritzbeutel die Zahlen 1 bis 24 darauf malen. Für die Häuschen legst du je einen Lebkuchen hin und ziehst an zwei gegenüberliegenden Seiten Zuckergussstreifen. Stelle die beiden anderen Lebkuchen – davon einer mit Zahl – auf die Streifen und klebe sie dabei oben mit etwas Guss zusammen.

4. Befestige die Verzierungen mit Zuckerguss. Wenn du 24 Häuschen gebaut hast, kannst du sie zu einem Dorf anordnen.

Der kleine Engel Leuchtegern

Helga M. Mau

Es war einmal ein wunderschöner Porzellanladen, da standen schon lange vor Weihnachten herrliche Porzellanengelchen in allen Größen und warteten darauf, endlich gekauft zu werden, um sich in einem schön geschmückten Haus mit einer netten Familie auf Weihnachten zu freuen.

In einer etwas dunkleren Ecke im Porzellanladen stand ein kleiner, weißer Porzellanengel, der von innen mit einem Teelicht zu beleuchten war, und auch er wartete, ebenso sehnsüchtig wie alle anderen Engelchen. Der kleine, weiße Porzellanengel hieß Leuchtegern, weil er das ganze Jahr, in dem

alle Engelchen im Keller in einer Kiste gelagert waren, ja, weil der kleine Engel das ganze Jahr immerzu herzzerreißend jammerte: „Ich möchte doch so gerne leuchten!"

Wie der Engel Leuchtegern also im hintersten Regal stand und überlegte, wie er es anstellen könnte, von jemandem gekauft zu werden, bimmelten die kleinen Glöckchen an der Eingangstür. Da er ja auch noch ziemlich neugierig war, beugte er sich ein bisschen vor. Eine elegant gekleidete Dame ging an ihm vorbei, beachtete ihn aber nicht. Der kleine Engel Leuchtegern lehnte sich noch weiter vor – da rutschte er plötzlich vom Glasregal und landete direkt in der Einkaufstasche der Dame. Vor Schreck, und weil es plötzlich so dunkel in der Tasche war, konnte der kleine Engel Leuchtegern nicht einmal schreien. Er schloss die Augen, drückte sich in eine Ecke und dachte hoffnungsvoll: „Nun komme ich doch noch in ein schönes Weihnachtszimmer bei einer netten Familie mit Kindern, die sich auf Weihnachten freut!"

Der kleine Engel Leuchtegern wartete also geduldig, bis die Dame zu Hause ihre Tasche abstellte und schlüpfte dann ganz flink heraus. Unbemerkt versteckte er sich hinter ein paar dicken Büchern auf dem Bücherregal, gerade so, dass er noch eben vor-

beischauen konnte, um zu sehen, bei was für einer Familie er wohl gelandet war.

Doch was musste unser Engelchen Leuchtegern dort alles erleben? Als es Morgen wurde und überall im Haus die Lichter wieder angingen, da sah er schon mit Erschrecken, dass es im ganzen Haus überhaupt keine Weihnachtsdekoration gab. Keine einzige Kerze war zu sehen und auch sonst kein weihnachtlicher Festtagsglanz. Nichts deutete darauf hin, dass Weihnachten vor der Tür stand!

Und dann die Familie – Vater, Mutter und zwei Kinder, du meine Güte, wie gingen die bloß miteinander um! Da wurde schon morgens gestritten, nur gemeckert und kein einziges freundliches Wort gewechselt. Jeder hastete eilig fort und keiner hatte für den anderen auch nur einen netten Abschiedsgruß übrig.

„Nein", dachte der kleine weiße Porzellanengel Leuchtegern enttäuscht, „hier bleibe ich nicht, hier freut sich niemand auf die Weihnachtszeit. Das halte ich nicht aus!"

Also machte er sich auf den Weg durch die große Stadt, um ein Haus zu suchen, dem schon von außen anzusehen war, dass sich die darin wohnende Familie auf Weihnach-

ten freute. Lange musste der kleine Engel Leuchtegern herumlaufen. Es war bitterkalt und er kam an vielen Häusern vorbei. Hier und da konnte er durch ein erleuchtetes Fenster sehen, dass auch einige davon wenigstens ein bisschen weihnachtlich geschmückt waren.

Doch plötzlich stand der kleine Engel Leuchtegern vor einem Haus, in dem waren alle Fenster weihnachtlich dekoriert, man sah, dass innen Kerzen flackerten. Alles deutete darauf hin, dass hier eine Familie wohnte, die sich auf das Weihnachtsfest freute. Bei der nächsten passenden Gelegenheit schlüpfte der kleine Engel Leuchtegern heimlich in das Haus und versteckte sich, um erst einmal abzuwarten, ob er wohl bei dieser Familie bleiben wollte bis Weihnachten. Er verbarg sich wieder auf einem Regal – und staunte nicht schlecht: Hier standen schon mehrere Engelchen aus Glas und Porzellan, einer schöner als der andere. „Ach du liebe Zeit", rief Leuchtegern überrascht. „Was macht ihr denn alle hier?"

Da musste sich Leuchtegern viele Geschichten anhören, denn alle Engelchen hatten eine Familie gesucht, die sich so richtig auf Weihnachten freute.

„Du wirst schon sehen," sagt ein besonders schöner Glasengel, „warum wir alle hier bleiben. In dieser Familie redet man noch freundlich miteinander, jeder hat ein nettes Wort für den anderen, man sitzt, so oft es geht, zusammen bei Kerzenschein und Weihnachtsmusik. Du wirst bald sehen – hier ist eine Familie, die sich wirklich auf Weihnachten freut. Wir jedenfalls bleiben hier, und wenn du Lust hast, dann kannst du ja auch hier bleiben. Wir rücken ein wenig zusammen, und wenn du Glück hast, dann entdeckt dich morgen jemand."

Am nächsten Morgen hatte der kleine Engel Leuchtegern schreckliches Herzklopfen. Die Frau, die in dem Haus wohnte, wollte gerade das Regal, auf dem die Engelchen alle standen, abstauben, da hielt sie plötzlich inne und rief: „Oh, ich wusste gar nicht mehr, was wir alles für schöne Weihnachtsengelchen haben." Sie nahm das kleine Engelchen Leuchtegern und stellte es auf den Tisch, direkt neben ein wunderschönes Weihnachtsgesteck. Sie zündete ein Teelicht an und stellte es in das Porzellanengelchen, das sofort wunderschön zu leuchten begann. Jeder, der vorbeiging, machte eine freundliche Bemerkung: „Wie schön!" oder „Wie weihnachtlich!"

„Hier bleibe ich", dachte der kleine Engel. „Hier freuen sich alle auf Weihnachten." So hatte der kleine weiße Porzellanengel Leuchtegern endlich seine Familie gefunden, und wenn er nicht aus Neugierde irgendwo heruntergefallen ist, dann leuchtet er noch heute zur Weihnachtszeit.

Guten Abend, gute Nacht

1. Gu-ten A-bend, gu-te Nacht mit_ Rös-lein be-dacht, mit_ Näg-lein be-steckt, schlüpf un-ter die Deck. Mor-gen früh, wenn Gott will, wirst du wie-der ge-weckt. Mor-gen früh, wenn Gott will, wirst du wie-der ge-weckt.

2. Guten Abend, gute Nacht,
von Englein bewacht,
die zeigen dir im Traum
Christkindleins Baum:
l: Schlaf nur selig und süß,
schau im Traum 's Paradies. :l

Worte: Volkslied
Weise: Johannes Brahms

Weihnachtliche Bräuche in Deutschland

Adventskranz

Die vergleichsweise junge Tradition des Adventskranzes – sie ist eine deutsche Erfindung, die Mitte des 19. Jahrhunderts entstand – geht auf einen Prototypen zurück, der jedoch nicht grün war und sehr viel größer ausfiel als der heute übliche Kranz. Es handelte sich um einen mächtigen Kronleuchter mit 24 Kerzen, von denen täglich eine Kerze mehr angezündet wurde, bis an Heiligabend schließlich alle Kerzen brannten. Für den Hausgebrauch ist die sich daraus entwickelte kleinere, aus Tannengrün gebundene Variante mit nur vier Kerzen doch sehr viel praktischer.

Barbarazweige

Eine besondere Bewandtnis hat es mit den Barbarazweigen. Die Sitte, am Gedenktag der heiligen Barbara, dem 4. Dezember, Birken-, Haselnuss-, Kirsch- oder Forsythienzweige zu schneiden und zu Hause in eine Vase zu stellen, geht auf eine Anekdote zurück, die sich um die Heilige rankt: So wie die heilige Barbara während ihrer Gefangenschaft – sie wurde wegen ihres Glaubens verfolgt und fand als Märtyrerin den Tod – wundersamerweise einen verdorrten Kirschbaumzweig zum Blühen brachte, sollen auch die geschnittenen Zweige zur Blüte kommen. Wenn diese pünktlich zum Weihnachtsfest am 24. Dezember aufblühen, ist dies nicht nur ein schöner Anblick, sondern wird als gutes Zeichen für die Zukunft gedeutet.

Wintersonnenwende

Der 21. Dezember ist der Tag der Wintersonnenwende mit der längsten Nacht und der kürzesten Tagesdauer. Dieser Tag ist auch dem heiligen Thomas gewidmet, was nicht verwundern mag, denn er ist der Apostel, welcher am längsten an der Auferstehung Jesu zweifelte und damit am längsten in der dunklen Nacht des Unglaubens verharrte. Sein Gedenktag ist mit vielerlei Brauchtum verbunden. In Süddeutschland etwa sät man Gerstenkörner in einen Topf, um am Gedeihen der Gerste das Wetter für das kommende Jahr abzulesen. Einer anderen Sitte entsprechend sollte man spätestens bis zu diesem Termin geliehene Gegenstände zurückgegeben haben.

Goldene Tischlaterne

Material:
Goldfolie
Lineal
Bleistift
Schere
Alleskleber
Teelicht

Schwierigkeitsgrad:
leicht

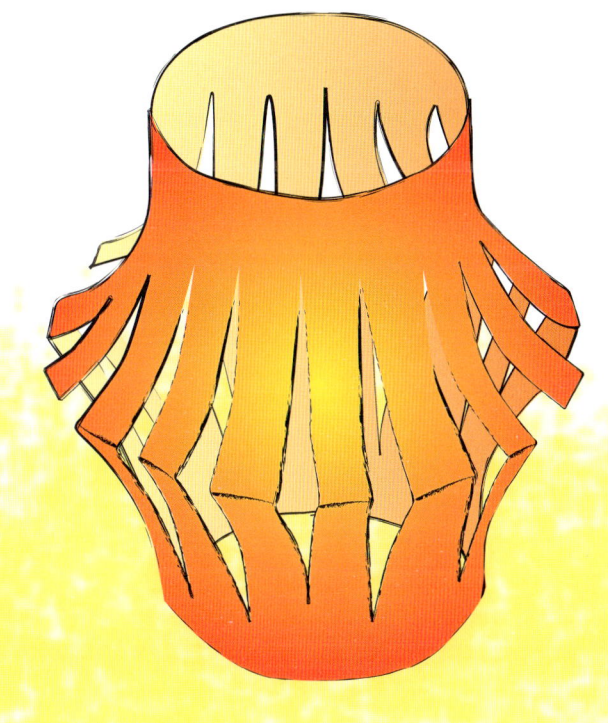

Und so geht's:

1. Schneide von der Goldfolie einen Streifen ab, der 20 cm lang und 12 cm breit ist.

2. Falte diesen Streifen in der Mitte, sodass die beiden längeren Seiten aufeinanderliegen.

3. Zeichne auf einer der beiden langen Streifenseiten mit dem Lineal eine Linie. Diese sollte durchgehend 1 cm von der offenen langen Kante entfernt sein.

4. Schneide nun die Goldfolie von der geknickten Kante aus bis zur Linie ein. Die Schnitte sollten etwa 1cm voneinander entfernt sein.

5. Falte die Folie nun wieder auf. Klebe die beiden kurzen Seiten zusammen. Drücke die Klebestelle eine Minute mit den Fingern fest. Wenn der Klebstoff getrocknet ist, ist deine Laterne einsatzbereit: Stelle ein Teelicht hinein und zünde es an oder bitte einen Erwachsenen, es anzuzünden.

Achtung:
Lass die Laterne mit der brennenden Kerze auf keinen Fall unbeaufsichtigt!

Vanillekipferl

Zutaten:
250 g Mehl
200 g Mandeln, gemahlen
1 Prise Salz
125 g Zucker
2 Eigelb
200 g Rama
Mark von 1 Vanilleschote
125 g Puderzucker

Zubereitungszeit:
45 Min.
Ruhezeit:
30 Min.
Backzeit:
15 Min.

Nährwerte pro Stück:
93/389 kcal/kJ
2 g EW
6 g F
9 g KH

Und so geht's:

1. Mehl, Mandeln und Salz in einer Schüssel mischen. In die Mitte eine Vertiefung drücken. Zucker und Eigelb hineingeben. Margarine in Stücke schneiden und zugeben. Alles mit einem großen Messer durchhacken, damit sich die feuchten und trockenen Teile verbinden. Mit den Händen schnell zu einem glatten Teig verkneten.

2. Teig in Folie einwickeln und 30 Minuten kühl stellen. Aus dem Teig Rollen von ca. 2 cm Durchmesser formen und in ca. 1 cm schmale Scheiben schneiden. Aus den Scheiben kleine Hörnchen formen. Auf ein mit Backpapier ausgelegtes Backblech legen und im vorgeheizten Ofen bei 175 Grad Celsius 12 bis 15 Minuten hell backen.

3. Vanillemark und Puderzucker mischen. Die Kipferl noch lauwarm darin wälzen.

4. Ergibt ca. 50 Stück.

Leise rieselt der Schnee

1. Lei - se rie - selt der Schnee___, still und starr ruht der

See___, weih - nacht - lich glän - zet der Wald___,

freu - e dich, Christ - kind kommt bald___!

2. In den Herzen ist's warm,
still schweigt Kummer und Harm,
Sorge des Lebens verhallt,
freue dich, Christkind kommt bald!

3. Bald ist heilige Nacht,
Chor der Engel erwacht,
hört nur wie lieblich es schallt:
Freue dich, Christkind kommt bald.

Worte: Eduard Ebel
Weise: Volkslied

Vorweihnacht

Volksgut

Bald ist Weihnacht,
wie freu' ich mich drauf,
da putzt uns die Mutter
ein Bäumlein schön auf;
es glänzen die Äpfel,
es funkeln die Stern',
wie hab'n wir doch alle
das Weihnachtsfest gern.

Advent, Advent

Volksgut

Advent, Advent, ein Lichtlein brennt.
Erst eins, dann zwei, dann drei, dann vier,
dann steht das Christkind vor der Tür.

Orangen-Schoko-Konfekt

Zutaten:
100 g Sahne
1 EL Butter
1 EL Puderzucker
100 g Bitter-Orangen-Schoko-
lade (z. B. von Alnatura)
Pralinenförmchen
Haselnüsse

Zubereitungszeit:
20 Min.
Kühlzeit:
4 Std.

Nährwerte pro Stück:
62/259 kcal/kJ
1 g EW
5 g F
4 g KH

Und so geht's:

1. Sahne, Butter und Puderzucker in einem kleinen Topf langsam erhitzen und kurz ein-kochen lassen.

2. Schokolade in Stücke brechen, in die ge-zuckerte Sahne-Butter-Mischung geben und bei schwacher Hitze unter Rühren langsam schmelzen lassen.

3. Pralinenförmchen auf einem Backblech oder Kuchengitter verteilen und heiße Scho-koladenmasse mithilfe eines Spritzbeutels in die Förmchen füllen. Je 1 Haselnuss in jede Praline drücken. Für mindestens 4 Stunden in den Kühlschrank stellen und dort voll-ständig fest werden lassen.

4. Die Pralinen müssen kühl gelagert werden und sollten innerhalb von 7–10 Tagen ver-zehrt werden.

5. Ergibt ca. 20 Stück.

Adventskalender

Material:

24 leere Streichholzschachteln
Nadel und Faden
Perlen
bunte Filzreste
Alleskleber
weißer Filz
Glitzerstifte in Gold und
Silber
Klebepunkte
schwarzer Filzstift
Dreieck aus Sperrholz (50 cm
Höhe, 4 mm Stärke)

grüne Plakat- oder Acrylfarbe
24 Nägel
Hammer

Schwierigkeitsgrad:
mittel

Und so geht's:

1. Lege die inneren und äußeren Teile der Streichholzschachteln getrennt vor dich hin.

2. Nimm die inneren Schachteln zur Hand und nähe an jeweils einer kurzen Seite ein Stück Faden an. Es sollte etwa 3 cm lang sein. Befestige am losen Ende eine Perle. Damit kannst du später die Schachteln öffnen.

3. Schneide aus den bunten Filzresten 24 verschiedenfarbige Rechtecke aus. Sie sollten so groß sein, dass sie um die äußeren Schachteln herumpassen. Bestreiche jede Außenhülle mit Klebstoff und klebe einen Filzstreifen darum. Lass den Klebstoff gut trocknen. Stecke dann die Schachteln wieder zusammen.

4. Schneide für die Dächer 48 Dreiecke aus weißem Filz aus. Ihre Unterseiten sollten so breit sein wie die kurzen Seiten der Schachteln. Klebe die anderen beiden Seiten der Dreiecke zusammen. Das Ganze sieht nun aus wie kleine Mützen. Setze diese als Dach oben auf die noch frei kurze Seite der Schachteln und klebe sie dort gut fest.

5. Schneide aus gelbem oder orangefarbenem Filz pro Haus vier Fenster aus. Sie sollten 1 cm breit und 1,5 cm hoch sein. Klebe sie auf und verziere sie mit silbernem Glitzerstift.

6. Ein Haus ist für den 24. Dezember gedacht. Daher bekommt es einen gelben Filzstern. Befestige ihn mit Klebstoff auf dem Dach und bestreiche ihn noch mit Goldglitzer. Ziehe durch alle Dachspitzen jeweils ein kurzes Stück Faden und verknote es zu einer Schlaufe. Beschrifte nun die kleinen Klebepunkte mit den Zahlen von 1 bis 24 und bringe diese an den Häusern an.

7. Das Dreieck aus Sperrholz ist der Weihnachtsbaum. Male es grün an und lass es

trocknen. Bitte nun einen Erwachsenen um Hilfe: Schlage gleichmäßig verteilt 24 Nägel in die Sperrholzplatte ein. Sie müssen noch etwas herausgucken.

8. Bevor du die Häuschen an die Nägel hängst, befülle die Schachteln mit kleinen Geschenken oder Schokolade. Und fertig ist der Adventskalender für deine Eltern, Geschwister oder Freunde!

Der Karpfen Jonathan

Helga M. Mau

Ich schaue aus dem Fenster und da fällt mir die Geschichte von Jonathan dem Karpfen ein.

Eine Woche vor Weihnachten fing mein Mann einen Karpfen und brachte ihn in einem großen Eimer lebend mit nach Hause, um ihn in der Badewanne zu „wässern". Das heißt, wenn ein Karpfen ein paar Tage in klarem Wasser gewässert wird, dann schmeckt er nicht mehr so modrig. Bis Weihnachten waren ja noch ein paar Tage Zeit, denn es stand fest, dieser Karpfen sollte unser Weihnachtsgericht werden.

Unter großem Staunen bezog der Karpfen in unserer kleinen Wohnung sein neues Zuhause in der Badewanne. Nach einer kurzen Eingewöhnungszeit zog er dort bald putzmunter seine Kreise, die Kinder knieten pausenlos davor und jede Regung und Bewegung wurde begeistert und mit großem Hallo registriert. Sehr schnell fanden die Kinder einen Namen für das Riesenvieh – Er sollte Jonathan heißen.

So langsam freundete auch ich mich mit seinem nach Luft schnappenden Riesenmaul und seinen Glubschaugen an. Manchmal sah es sogar so aus, als ob er uns etwas sagen wollte. Aber wir verstanden die Karpfensprache nicht. Um niemandem die Freude zu verderben, beschlossen wir, dass Jonathan ein paar Tage in unserer Badewanne bleiben dürfe. Im Hinterkopf hatten wir natürlich das leckere Festtagsmahl. Aber da hatten wir die Rechnung ohne unsere Kinder gemacht.

Je mehr Tage mit Jonathan vergingen, desto vertrauter wurden uns seine Planschereien. Jeder, der in unserem Badezimmer – was auch immer – zu tun hatte, redete mit Jonathan. Am besten ging das, wenn man auf der Toilette saß.

Längst war vergessen, dass wir alle mal wieder eine Dusche oder ein Bad nötig gehabt hätten. Jonathan war ein sehr freundlicher Mitbewohner, er konnte so gut zuhören und er erzählte nichts weiter. Er gab keine Kommentare ab, er war einfach ein friedlicher Zeitgenosse.

Dann kam der Tag der Entscheidung: Jonathan sollte zum Weihnachtsfestessen geschlachtet werden. Tränen schon beim Frühstück, mein Mann und ich wurden als Mörder und unmenschlich bezeichnet.

Keine Erklärung nutzte etwas, empörte Proteste wurden laut und überhaupt hing der Haussegen schief. Eins war jedenfalls sicher, wir mussten doch einmal wieder baden und so war es ein unhaltbarer Zustand.

Nach endlosen Familiendebatten holte mein Mann entnervt einen großen Eimer und Jonathan wurde vorsichtig in sein Heimatgewässer zurückgebracht. Abschiedstränen – aber der Familienfrieden war wiederhergestellt. Mein Mann hat nie wieder Karpfen geangelt und wir alle haben nie wieder Karpfen gegessen.

Unsere Kinder erinnern sich noch heute mit Vergnügen an diese Geschichte. Und – wenn er nicht von einem Angler gefangen wurde, dann schwimmt Jonathan noch heute in Baumeisters Mühlenkolk.

Der Traum

Hoffmann von Fallersleben

Ich lag und schlief; da träumte mir
ein wunderschöner Traum:
Es stand auf unserm Tisch vor mir
ein hoher Weihnachtsbaum.

Und bunte Lichter ohne Zahl,
die brannten ringsumher;
die Zweige waren allzumal
von goldnen Äpfeln schwer.

Und Zuckerpuppen hingen dran;
das war mal eine Pracht!
Da gab's, was ich nur wünschen kann
und was mir Freude macht.

Und als ich nach dem Baume sah
und ganz verwundert stand,
nach einem Apfel griff ich da,
und alles, alles schwand.

Da wacht' ich auf aus meinem Traum,
und dunkel war's um mich.
Du lieber, schöner Weihnachtsbaum,
sag an, wo find' ich dich?

Da war es just, als rief er mir:
„Du darfst nur artig sein;
dann steh' ich wiederum vor dir;
jetzt aber schlaf nur ein!

Und wenn du folgst und artig bist,
dann ist erfüllt dein Traum,
dann bringet dir der heil'ge Christ
den schönsten Weihnachtsbaum."

Knackige Nussmakronen

Zutaten:
2 Eiweiß
100 g Zucker
1 Päckchen Vanillezucker
½ TL Zimt
75 g Haselnüsse, gemahlen
85 g kernige Haferflocken
1–2 Tropfen Bittermandelöl
Fett fürs Blech
30 Haselnusskerne

Zubereitungszeit:
15 Min.
Backzeit:
20 Min.

Nährwerte pro Stück:
55/230 kcal/kJ
1 g EW
3 g F
6 g KH

Und so geht's:

1. Backofen auf 150 Grad Celsius vorheizen. Eiweiß mit dem Handrührgerät steif schlagen, dabei langsam den Zucker einrieseln lassen. Restliche Zutaten bis auf die Haselnusskerne nach und nach vorsichtig unter den Eischnee heben.

2. Mit zwei angefeuchteten Teelöffeln Nocken vom Teig abstechen und in kleinen Häufchen mit ausreichend Abstand auf ein gefettetes Backblech geben. Je eine Haselnuss in die Mitte jedes Teighäufchens geben, Blech in den Ofen schieben und Kekse bei 200 Grad Celsius ca. 20 Minuten backen.

3. Makronen auf dem Blech leicht abkühlen lassen, vorsichtig vom Blech lösen und auf einm Kuchengitter vollständig auskühlen lassen.

4. Ergibt ca. 30 Stück.

Sternenkarte

Material:
Tonkarton (DIN A5)
Zeitungspapier als Unterlage
Schere
weißes Papier
Acryl- oder Aquarellfarben
Zahnbürste
Teesieb

Schwierigkeitsgrad:
mittel

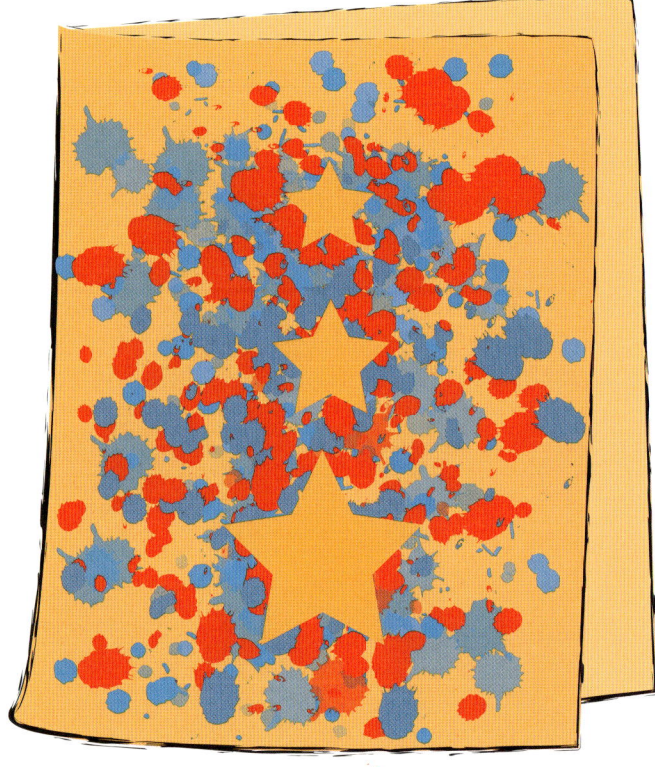

Und so geht's:

1. Lege den Tonkarton quer vor dich. Dann falte ihn von links nach rechts zu einer Karte zusammen. Lege diese Karte auf Zeitungspapier.

2. Schneide aus weißem Papier drei verschieden große Sterne aus. Verteile sie auf der Vorderseite der Karte.

3. Rühre die Farbe an und tauche die Zahnbürste hinein. Nimm nun das Teesieb und halte es über die Karte. Streiche mit der Zahnbürste in dem Sieb hin und her – so wird die Farbe auf der Karte versprüht. Lass die Farbe anschließend trocknen.

4. Schneide weitere, kleinere Sterne aus. Verteile sie wieder auf der Karte und besprize das Ganze erneut, jedoch mit einer anderen Farbe.

5. Nimm alle Sternchen ab, wenn die Spritzer trocken sind. Auf deiner Weihnachtskarte ist ein Sternmuster entstanden.

Tipp

Wenn du die Farbe frisch in das Sieb gibst, kann es anfangs Patzer auf der Karte geben. Spritze deshalb die ersten Tupfer über Zeitungspapier.

In meinem kleinen Apfel

1. In___ mei - nem klei - nen Ap - fel, da___
sieht es lus - tig aus. Es sind da - rin fünf
Stüb - chen, grad wie in ein - em Haus.

2. In jedem Stübchen wohnen
zwei Kernchen schwarz und fein,
die liegen drin und träumen
vom lieben Sonnenschein.

3. Sie träumen auch noch weiter
gar einen schönen Traum,
wie sie einst werden hängen
am lieben Weihnachtsbaum.

Worte und Weise: Volkslied

Fensterkette „Mond und Sterne"

Material:
Bleistift
dünner Karton
Schere
Bastelfolie in Gold und Silber
Alleskleber
Klebesterne in Gold und Silber
dicke Stopfnadel
Goldfaden
Glitzerperlen

Schwierigkeitsgrad:
mittel

Und so geht's:

1. Zeichne einen Halbmond auf den Karton, der etwa 15 cm hoch ist. Zeichne außerdem noch 5 unterschiedlich große Sterne: Einer sollte 8 cm, 2 sollten 5 cm und 2 weitere 3 cm groß sein. Schneide alle Figuren aus.

2. Lege den Halbmond auf die Silberfolie, zeichne ihn zweimal ab und schneide ihn aus. Die Sterne legst du auf die Goldfolie und machst es genauso.

3. Beklebe nun die Kartonfiguren auf beiden Seiten mit den passenden Folien. Verziere anschließend alle Teile zusätzlich mit den Klebesternen.

4. Bohre an der unteren Rundung des Monds mit der Stopfnadel ein Loch. Knote ein langes Stück Goldfaden daran. Fädle eine Glitzerperle auf den Faden und verknote ihn darunter. So kann die Perle nicht weg-rutschen.

5. Bohre nun an einer Spitze des großen Sterns ein Loch. Fädle den Faden vom Mond hindurch und verknote ihn. Knüpfe auf diese Weise alle Sterne aneinander. Zwischen den einzelnen Sternen kannst du immer wieder einige Perlen auffädeln.

6. Bohre in die obere Mondspitze ein Loch und fädle einen weiteren Faden hindurch. Knote ihn zu einer Schlaufe und hänge die Fensterkette daran auf.

Pfefferkuchenhaus

Zutaten:

Für den Teig:
500 g Zuckerrübensirup
250 g Zucker
100 g Butter
2 Eier
600 g Weizenmehl
400 g zarte Haferflocken
5 TL Backpulver
4 EL Kakao
2 TL Zimt
1 TL Anis, gemahlen

½ TL Nelkenpulver
Mehl für das Blech

Für den Guss:
4 Eiweiß
1 kg Puderzucker

Zum Verzieren:
weihnachtliche Süßigkeiten
kernige Haferflocken
Watte

Zubereitungszeit:
90 Min.
Backzeit:
2½ Std.

Nährwerte pro Haus:
10526/44209 kcal/kJ
138 g EW
137 g F
2186 g KH

Und so geht's:

1. Schablonen aus Pappe oder Backpapier zuschneiden: je 2 Rechtecke für das Dach (21 x 25 cm) und die Seitenwände (21 x 8 cm); 4 Rechtecke für den Schornstein (2,5 x 4 cm) sowie 2 passende Giebel.

2. Sirup und Zucker erwärmen und mit den übrigen Zutaten verkneten. Teig ca. 1 cm dick ausrollen, anhand der Schablonen ausschneiden und auf ein bemehltes Backblech legen. Im vorgeheizten Ofen bei 200 Grad Celsius nacheinander jeweils 15 Minuten backen und auskühlen lassen.

3. Eiweiß zu steifem Schnee schlagen und mit gesiebtem Puderzucker zu einem festen Zuckerguss verrühren. In eine kleine Pergamenttüte füllen und die Hausteile mit dem Guss zusammenkleben. Jede Fuge nochmals mit Zuckerguss verkleben. Häuschen abschließend mit Zuckerguss, Süßigkeiten und kernigen Haferflocken verzieren.

4. Zum Schluss Watte in den Schornstein stecken und das Ganze mit Puderzucker überstäuben.

Der Rauschgoldengel aus Nürnberg

Volkssage

Der Nürnberger Rauschgoldengel ist zum Ende des Jahres 1700 entstanden. Damals lebte in Nürnberg ein Handwerksmeister namens Hauser. Dem war sein einziges Kind, eine kleine Tochter, nach einer schweren Krankheit gestorben. Ohnehin schon Witwer, lebte der Mann fortan allein in seinem Haus, und der Schmerz über den Tod seines Kindes überwältigte ihn so, dass er nicht mehr in seine Werkstatt ging, seine Freunde nicht mehr aufsuchte und erst recht jeden Zunftabend mied.

Stundenlang saß er neben dem Bett, in dem das Kind gestorben war und aus dem sie es fortgetragen hatten. Er starrte auf die Kissen, strich darüber und konnte sich nicht in den göttlichen Ratschluss finden. Er entließ seinen Gesellen, denn wozu, sagte er sich, soll es noch einen Sinn haben, an Schraubstock und Hobelbank zu stehen? Am Tage, wenn die Fensterläden offen standen, schmerzte ihn das Sonnenlicht, sobald aber die Dunkelheit kam, fürchtete er sich vor der Nacht, in der ihn die Traurigkeit immer von Neuem überwältigte.

Darüber verging die Zeit. Eines Nachts, als er schließlich nach langem Grübeln in einen leichten Schlaf gefunden hatte, ging plötzlich die Tür auf, und, von einem hellen Schimmer umgeben, sah er eine Gestalt hereinkommen, ganz in ein goldenes Gewand gehüllt. Als der Mann genauer hinsah, bemerkte er dass es das Nürnberger Gewand war. Außerdem sah er, dass das Wesen weder Arme noch Hände, dafür aber zwei goldene Flügel hatte. Ein Engel! Jetzt kam dieser Engel auf ihn zu, blieb an seinem Bett stehen, setzte sich dann und neigte den Kopf zu ihm herunter. Da erkannte der Mann, dass er seine verstorbene Tochter vor sich hatte. Sie lächelte und erzählte ihm, wie gut es ihr ginge und sie bat ihn, nie mehr um sie zu weinen.

Der einsame Mann versprach es, aber davon erwachte er, fuhr im Bett hoch und war allein, wie immer. Doch es kam ihm vor, als ob ein goldener Glanz in der Stube zurückgeblieben war, auch die Tür stand noch offen. Da wurde ihm das Herz leicht, und er fand keinen Schlaf mehr, bis der Morgen kam, und immer sah er das Gesicht des Engels vor sich.

Als der Morgen graute, ging er in seine Werkstatt und suchte ein Klötzchen Lindenholz. Das weiche Holz der Linde verarbeitete er selten, deshalb dauerte es ein Weilchen, bis

er das richtige gefunden hatte. Aber noch während er suchte, kehrte immer mehr Lebensmut zurück. Plötzlich sah er wieder eine Aufgabe vor sich: Er wollte versuchen, das Gesicht seines verstorbenen Kindes aus dem Lindenholz zu schneiden. Er wollte es so schnitzen, wie er es in der Nacht als Engel gesehen hatte.

Die nächsten Tage schnitze er, und je deutlicher ihn aus dem Holz das Gesicht seines Kindes ansah, desto zufriedener wurde er. Doch mit dem Gesicht alleine war es nicht getan. Er beschaffte sich Rauschgold für die Flügel, außerdem hatte der Engel einen plissierten goldenen Rock getragen, den er aus einem dünn ausgewalzten Messingblech fertigte.

In den nächsten Tagen war er so in seine Arbeit vertieft, dass er nicht hörte, wie an seine Tür geklopft wurde. Es waren seine Freunde, denen es keine Ruhe mehr ließ, nachdem sie ihn tagelang nicht mehr gesehen hatten. Sie versuchten durch die Ritzen der Fensterläden zu sehen. Nur das Glänzen und Blitzen des Goldes war zu sehen. Dann riefen und klopften sie lauter, und da hörte er sie und ließ sie eintreten.
Die Schönheit des Engels machte sie sprachlos. Er erzählte ihnen von seinem Traum, aber ihnen genügte es, dass er wieder ins Leben zurückgefunden hatte.

Um immer mit seinem verstorbenen Kind verbunden zu sein, fing der Mann an, mehrere Rauschgoldengel herzustellen.
Zum kommenden Christkindlesmarkt hatte er so viele fertig gebracht, dass er einen Stand mietete und sie ausstellte. Wie immer, wenn es etwas Neues gibt, drängten die Käufer und rissen sich um die Rauschgoldengel. Auch waren alle bereit, ohne zu feilschen gutes Geld für die Kunstwerke zu bezahlen.

Rauschgoldengel kann man auch heute noch auf dem Nürnberger Christkindlesmarkt kaufen.

Anhänger aus Modelliermasse

Material:

Frischhaltefolie
weiße Modelliermasse
Messer
Nudelholz
Plätzchenformen
Zahnstocher
Alufolie
Schleifpapier (120er-
Körnung)

Pinsel
Plakatfarben
Glitzer
Klarlack
Geschenkband

Schwierigkeitsgrad:
mittel

Tipp

Nimm die Modelliermasse erst kurz vor dem Verarbeiten aus der Packung, da sie sonst an der Luft austrocknet.

Und so geht's:

1. Lege Frischhaltefolie über ein großes Brett. Schneide von der Modelliermasse ein Stück ab und lege es auf die Folie. Rolle es mit einem Nudelholz zu einem etwa 2 mm dicken Rechteck aus. Durch die Frischhaltefolie klebt die Masse nicht an.

2. Stich mit den Plätzchenformen Figuren aus und bohre mit einem Zahnstocher oben ein Loch hinein. Wackle mit dem Zahnstocher ein bisschen hin und her, damit das Loch etwas größer wird. Lege die Motive auf ein Stück Alufolie. Lass alles über Nacht an der Luft trocknen.

3. Glätte mit einem Stück Schleifpapier die Kanten und die Oberflächen der Figuren. Bemale sie im Anschluss nach Lust und Laune und verziere sie zusätzlich mit Glitzer.

4. Ist die Farbe getrocknet, bepinselst du alles mit Klarlack. Achte jedoch darauf, dass die Löcher zum Aufhängen frei bleiben. Lass den Klarlack gut trocknen.

5. Fädle das Geschenkband durch die Löcher und hänge die Motive auf.

Morgen, Kinder, wird's was geben

1. Mor - gen, Kin - der, wird's was _ ge - ben, mor - gen _ wer -den
wir uns freu'n! Welch ein Ju - bel, welch ein _ Le - ben
wird in _ un - serm Hau - se sein! Ein - mal wer - den

wir noch wach, hei - ßa, dann ist Weih - nachts -tag!

2. Wie wird dann die Stube glänzen
von der großen Lichterzahl!
Schöner als bei frohen Tänzen
ein geputzter Kronensaal.
Wisst ihr noch, wie vor'ges Jahr
es am Heiligen Abend war?

3. Wisst ihr noch mein Räderpferdchen,
Malchens nette Schäferin,
Jettchens Küche mit dem Herdchen
und dem blank geputzten Zinn?
Heinrichs bunten Harlekin
mit der gelben Violin?

Worte: Martin Friedrich Philipp Bartsch
Weise: Carl Gottlieb Hering

Bratäpfel mit Vanillesoße

Zutaten:
4 Äpfel (z. B. Boskop)
50 g Mandelsplitter
50 g Rosinen
4 TL Aprikosenkonfitüre
1 Prise Zimt
Margarine

1–2 EL Speisestärke (z. B. von Mondamin)
1 Eigelb
½ l Milch
½ Vanilleschote
20 g Zucker

Zubereitungszeit: 40 Min.
Backzeit: 25 Min.

Nährwerte pro Stück:
327/1369 kcal/kJ
8 g EW, 15 g F, 38 g KH

Tipp
Statt der Soße passt auch Vanilleeis sehr gut zu den Bratäpfeln.

Und so geht's:

1. Äpfel waschen, Kerngehäuse herausstechen. Mandeln, Rosinen, Konfitüre und Zimt vermischen. Füllung mit einem Teelöffel in die Öffnung der Äpfel geben und hineindrücken.

2. Äpfel in eine gefettete Auflaufform setzen und auf jeden Apfel ein Margarineflöckchen geben. Im vorgeheizten Backofen bei 200 Grad Celsius ca. 25 Minuten backen.

3. Für die Vanillesoße Speisestärke und Eigelb in 2 EL kalter Milch anrühren. Vanilleschote mit einem Messer der Länge nach aufschlitzen und das Mark herauskratzen. Zucker, Vanilleschote und -mark zur restlichen Milch geben und das Ganze aufkochen. Die angerührte Speisestärke unter Rühren hineingießen und kurz aufkochen lassen. Noch warm oder kalt zu den heißen Äpfeln servieren.

Der Bratapfel

Volksgut aus Bayern

Kinder kommt und ratet,
was im Ofen bratet.
Hört wie's knallt und zischt,
bald wird er aufgetischt,
der Zipfl, der Zapfl,
der Kipfl, der Kapfl,
der gelbrote Apfel.

Kinder lauft schneller,
holt einen Teller,
holt eine Gabel,
sperrt auf den Schnabel,
für den Zipfl, den Zapfl,
den Kipfl, den Kapfl,
den goldbraunen Apfel.

Sie pusten und prusten,
sie gucken und schlucken,
sie schnalzen und schmecken,
sie lecken und schlecken
den Zipfl, den Zapfl,
den Kipfl, den Kapfl,
den knusprigen Apfel.

Tischsterne

Material:
Ausstechform für Sterne
Blatt Papier
Bleistift
Schere
gelber Tonkarton
Goldfolie
Klebstoff
Lineal

Schwierigkeitsgrad:
leicht

Und so geht's:

1. Lege die Ausstechform auf ein Blatt Papier und zeichne die Konturen nach. Schneide den Stern aus. Übertrage diese Vorlage zweimal auf den Tonkarton und zweimal auf die Goldfolie.

2. Schneide alle Teile aus und klebe die Foliensterne auf die Sterne aus Karton.

3. Nimm ein Lineal und einen Bleistift. Ziehe nun zwischen 2 Zacken eine Linie bis zur Mitte der beiden Sterne. Schneide sie an dieser Linie ein. Der Schnitt muss so breit sein, dass sich die Sterne ineinanderstecken lassen.

4. Gib etwas Klebstoff auf die Schnittstelle und stecke die Hälften zusammen. Bastle mehrere Goldsterne und schmücke damit den Weihnachtstisch.

Dominosteine

Zutaten:

125 g Vielblütenhonig
35 g Butter
1 Ei
150 Dinkelmehl Type 630
½ TL Lebkuchengewürz
1 Prise Salz
1 TL Kakaopulver
1 geh. TL Weinstein-
Backpulver

abgeriebene Schale von
½ Zitrone (unbehandelt)
1 EL Milch
1 Glas Fruchtaufstrich Marille
extrafein (z. B. von Alnatura)
150 g Marzipan
1 EL Orangensaft
300 g feine Bitterschokolade
50 g weiße Schokolade

Zubereitungszeit:
60 Min.
Backzeit:
15 Min.

Nährwerte pro Stück:
101/423 kcal/kJ
2 g EW
3 g F
16 g KH

Und so geht's:

1. Honig mit Butter und Ei in einer Schüssel schaumig schlagen. Mehl mit Lebkuchengewürz, Salz, Kakao, Backpulver und Zitronenschale vermischen und mit der Milch unter die Butter-Honig-Masse rühren.

2. Backblech zur Hälfte mit Backpapier auslegen und in der Mitte des Blechs das Papier so falten, dass eine hohe Kante entsteht. Teig auf das Papier streichen und im vorgeheizten Backofen bei 160 Grad Celsius 12 bis 15 Minuten backen.

3. Teigplatte auskühlen lassen, dann waagerecht halbieren. Jede Teighälfte mit Fruchtaufstrich bestreichen. Marzipan mit Orangensaft verkneten und zwischen Frischhaltefolie in Größe der Teigplatte ausrollen. Marzipanplatte zwischen den Teig legen und leicht andrücken.

4. Teigplatte in ca. 2 x 2 cm große Würfel schneiden. Schokolade im Wasserbad erhitzen.

Würfel mit einer Pralinen- oder Kuchengabel in die geschmolzene Schokolade tauchen und komplett überziehen. Dominosteine zum Trocknen auf Backpapier setzen. Weiße Schokolade ebenfalls schmelzen und die Dominosteine nach Belieben damit verzieren.

5. Ergibt 40 Stück.

Der weiße Elch

Helga M. Mau

Es war ein paar Tage vor Weihnachten und in der Einsamkeit der Nacht funkelten die Sterne besonders golden auf dem weiß glitzernden Schnee. Er hatte alles warm zugedeckt und jedem Baum, Strauch und Halm ein schneeweißes, funkelndes Mützchen aufgesetzt. Der eisige Nordwind trieb sein klirrendes Spiel, und der Wald, in dem sonst reges Leben herrschte, war in einen tiefen Winterschlaf gefallen.

Nur ein kleines Eichhörnchen, das viel zu neugierig war, um wochenlang in der dunklen Höhle zu schlafen und nichts zu erleben, sprang in dieser eiskalten Dezembernacht übermütig durch den verschneiten Tannenwald von Ast zu Ast. Es schüttelte hier und da den feinen Schnee von den Ästen, sodass die Tannen schimpften, „He, du nimmst uns unsere warme Decke." Aber sie konnten dem lustigen Eichhörnchen nicht böse sein, denn es war in dieser trostlosen, eisigen Zeit ein fröhlicher Zeitvertreib.

Gerade als das Eichhörnchen einen besonders dicken Baumstamm hinaufklettern wollte, erstrahlte der Wald ringsum plötzlich in einem wundersamen Licht. Das Eichhörnchen hielt den Atem an und versteckte sich hinter einem Schneehaufen. Aus dem dick beschneiten Geäst sah es majestätischen Schrittes einen riesigen schneeweißen Elch hervortreten. Vor Aufregung musste das Eichhörnchen beinahe niesen, denn einen schneeweißen Elch hatte es noch nie gesehen! Aber das Sonderbarste an dem Elch war, dass auf den Spitzen seines weit ausladenden Geweihs zahlreiche weiße Kerzen leuchteten. Bei jedem hoheitsvollen Schritt des gewaltigen Tiers blitzten die hellen Flammen auf und kleine Funken sprangen auf die Äste der umliegenden Bäume über. Aber die Funken erloschen seltsamerweise nicht, sondern blieben auf den Tannen liegen und verwandelten den Weg des Elchs in ein wahres Lichtermeer.

Das Eichhörnchen konnte kaum glauben, was es sah und stürmte so schnell es konnte in die Höhle, wo alle Tiere des Waldes ihren Winterschlaf hielten. Aufgeschreckt durch den Lärm rieben sich die Tiere des Waldes verschlafen die Augen. „Was ist los?" fragte die Hasenfamilie und Frau Reh fragte ungehalten, ob der Winter denn schon vorbei wäre. Das Eichhörnchen überschlug sich vor Aufregung und rief: „Kommt mit, kommt mit, der Wald, er leuchtet!"

Die Tiere des Waldes drängelten sich aufgeregt aus der gut versteckten Winterhöhle und folgten dem Eichkätzchen, bis sie auf der großen Lichtung des Waldes ankamen. Schon von Weitem sahen sie ein geheimnisvolles Leuchten und je näher sie kamen, desto heller wurde es. Rundherum erstrahlte jeder Baum in hellem Licht und auf allen Tannenspitzen funkelten kleine Sterne. Allen wurde ganz wunderlich zumute, und selbst das vorlaute Kaninchen wurde ganz still.

Dann hatten sie die Lichtung erreicht und sie trauten ihren Augen nicht: Da stand ein weißer Elch mit riesigem weißen Geweih, auf dessen Spitzen wundersam Kerzen flackerten. „Es ist Weihnachten, da geschehen noch Wunder", sagte die weise Eule andächtig.
Der weiße Elch nickte würdevoll mit seinem mächtigen Haupt und versprühte dabei so viele Funken, dass die Tannen wie die schönsten Weihnachtsbäume aufleuchteten.

Nun fing der Elch an, vom Wunder der heiligen Nacht zu erzählen. Von der Geburt Christi, von Maria und Josef und von vielen wundersamen Dingen, die zu dieser Zeit geschahen. Andächtig hörten die Tiere des Waldes die Geschichte des weißen Elches.

Sie fassten sich feierlich bei den Pfoten und tanzten in der klirrenden Kälte den Weihnachtsreigen. Und als die Sterne auf den Spitzen der Tannenzweige langsam erloschen und es immer dunkler wurde, war der weiße Elch plötzlich verschwunden und wurde nie wieder gesehen. Die Tiere aber traten den Rückweg zu ihrer warmen Höhle an und bewahrten diese geheimnisvolle Nacht fest in ihren Herzen. Sie kuschelten sich eng aneinander und schliefen friedlich ein – und Friede war auf Erden für Mensch und Tier.

Stoffengel

Material:
Watte
weißer Stoff (12 cm x 20 cm)
Faden
Alleskleber
2 schwarze, sehr kleine Glasperlen
roter Buntstift
goldenes Geschenkband
Engelshaar
selbst klebende Goldsternchen
2 weiße Vogelfedern
Silberglitzer
Schere

Schwierigkeitsgrad:
mittel

Und so geht's:

1. Forme aus Watte eine Kugel, die etwa so groß ist wie eine Walnuss. Lege die Wattekugel mittig auf den Stoff. Binde den Kopf mit einem langen Faden ab. Knote das Ende des Fadens zu einer Schlaufe. Daran kannst du später deinen Engel aufhängen.

2. Klebe die beiden schwarzen Glasperlen als Augen an den Kopf. Male mit dem roten Stift einen Mund und rote Bäckchen.

3. Binde das goldene Geschenkband um den Hals des Engels. Klebe etwas Engelshaar auf den Engelskopf und darauf einen Goldstern. Verteile dann weitere Sternchen auf dem Kleid des Engels.

4. Schneide auf der Rückseite des Kleids zwei winzige Schlitze ein. Stecke als Flügel je eine weiße Feder in jeden Schnitt und klebe sie fest. Tupfe auf einige Stellen der Federn ganz vorsichtig etwas Klebstoff und streue Silberglitzer darüber.

5. Hänge deinen Engel am Weihnachtsbaum oder am Fenster auf.

Lied des Nussknackers

Heinrich Hoffmann

König Nussknacker, so heiß ich.
Harte Nüsse, die zerbeiß ich.
Süße Kerne schluck ich fleißig;
doch die Schalen, ei, die schmeiß ich
lieber andern hin,
weil ich König bin.
Aber seid nicht bang!
Zwar mein Bart ist lang
und mein Kopf ist dick
und gar wild mein Blick;
doch was tut denn das?
Tu kei'm Menschen was,
bin im Herzensgrund
trotz dem großen Mund,
ganz ein guter Jung',
lieb Veränderung,
amüsier mich gern
wie die großen Herr'n.
Arbeit wird mir schwer
und dann mag ich sehr
frommen Kindersinn,
weil ich König bin.

Nikolaus

Nikolausstiefel

Extra für Kinder

Zutaten:

500 g Sirup, 300 g Zucker
200 g Margarine
1 kg Mehl, 100 g Kakao
4 Eier, 2 TL Natron
je ½ TL Nelken, Zimt und
Piment, gemahlen
½ TL Salz
abgeriebene Schale von
2 Zitronen (unbehandelt)

500 g Puderzucker
2 Eiweiß, Zitronensaft
rote Lebensmittelfarbe

Backzeit: 20 Min

Nährwerte pro Stück:
441/1844 kcal/kJ
5 g EW, 12 g F, 77 g KH

Und so geht's:

1. Zunächst müssen Sirup, Zucker und Margarine in einem Topf erwärmt werden, bis sich der Zucker gelöst hat. Lasse die Masse abkühlen und verknete sie anschließend mit Mehl, Kakao, Eiern, Natron, Gewürzen und der abgeriebenen Zitronenschale. Der Teig muss nun ca. 12 Stunden zugedeckt ruhen.

2. Nun kann es losgehen. Der Ofen muss auf 200 Grad Celsius vorgeheizt werden. Achtung, heiß! Schneide aus Backpapier eine 36 cm hohe Schablone für den Stiefel aus. Rolle den Teig ca. ½ cm dick aus, lege die Schablone auf und schneide den Stiefel aus. Schneide aus dem restlichen Teig eine 28 x 14 cm große Stulpe aus, die du am besten unten wellenförmig ausrädelst.

3. Lege den Stiefel auf ein mit Backpapier ausgelegtes Backblech. Die Stulpe muss am oberen Ende des Stiefels so aufgelegt werden, dass kein Platz mehr dazwischen ist. Drücke den unteren wellenförmigen Teil gut fest. Die überlappenden Seiten nach hinten umklappen.

4. Knülle ein bisschen Alufolie zusammen und lege sie zwischen Stulpe und Stiefel ein, damit der Stiefelschaft später gefüllt werden kann.

5. Nun muss der Stiefel im vorgeheizten Backofen 15 bis 20 Minuten backen und danach gut auskühlen. Versuche anschließend, die Alufolie vorsichtig zu entfernen.

6. Verrühre Puderzucker mit Eiweiß und Zitronensaft und überziehe die Stulpe auf der gewölbten Seite mit einem Drittel des Gusses. Streiche ein Holzbrett mit etwas Zuckerguss ein und klebe den Stiefel darauf fest.

7. Die restliche Zuckermasse muss nun mit Lebensmittelfarbe rot eingefärbt werden. Bestreiche damit den unteren Teil des Stiefels und lasse die Farbe trocknen.

Lasst uns froh und munter sein

1. Lasst uns froh und mun-ter sein

und uns recht von Her-zen freu'n! Lus-tig, lus-tig,

tral - la - la - la - la! Bald ist Ni - ko - laus-

a - bend da, bald ist Ni-ko-laus - a - bend da!

2. Dann stell ich den Teller auf,
Nik'laus legt gewiss was drauf.
Lustig, lustig, tralalalala!
l: Bald ist Nikolausabend da. :l

3. Wenn ich schlaf, dann träume ich,
jetzt bringt Nik'laus was für mich.
Lustig, lustig, tralalalala!
l: Bald ist Nikolausabend da. :l

4. Wenn ich aufgestanden bin,
lauf ich schnell zum Teller hin.
Lustig, lustig, tralalalala!
l: Bald ist Nikolausabend da. :l

5. Nik'laus ist ein guter Mann,
dem man nicht genug danken kann.
Lustig, lustig, tralalalala!
l: Bald ist Nikolausabend da. :l

Worte und Weise: Volkslied

Knecht Ruprecht

Theodor Storm

Von drauß' vom Walde komm ich her,
ich muss euch sagen, es weihnachtet
sehr!
Allüberall auf den Tannenspitzen
sah ich goldene Lichtlein sitzen.

Und droben aus dem Himmelstor
sah mit großen Augen das Christkind hervor.
Und wie ich so strolcht' durch den
finster'n Tann,
da rief's mich mit heller Stimme an:

„Knecht Ruprecht", rief es, „alter Gesell,
hebe die Beine und spute dich schnell!
Die Kerzen fangen zu brennen an,
das Himmelstor ist aufgetan.

Alt' und Junge sollen nun
von der Jagd des Lebens einmal ruh'n.
Und morgen flieg ich hinab zur Erden,
denn es soll wieder Weihnachten werden!"

Ich sprach: „O lieber Herre Christ,
meine Reise fast zu Ende ist.
Ich soll nur noch in diese Stadt,
wo's eitel gute Kinder hat."

„Hast' denn das Säcklein auch bei dir?"
Ich sprach: „Das Säcklein, das ist hier:
Denn Äpfel, Nuss und Mandelkern
essen fromme Kinder gern."

„Hast denn die Rute auch bei dir?"
Ich sprach: „Die Rute, die ist hier.
Doch für die Kinder nur, die schlechten,
die trifft sie auf den Teil, den rechten."

Christkindlein sprach: „So ist es recht.
So geh mit Gott, mein treuer Knecht!"
Von drauß' vom Walde komm ich her,
ich muss euch sagen, es weihnachtet sehr!
Nun sprecht, wie ich's hierinnen find!
Sind's gute Kind, sind's böse Kind?

Pfeffernüsse

Zutaten:
50 g Zitronat
2 Eier
200 g Zuckerrohrgranulat
1 gestr. TL Hirschhornsalz
abgeriebene Schale von 1 Zitrone (unbehandelt)
¼ TL weißer Pfeffer aus der Mühle

je 1 Msp. Nelken-, Kardamom-, Muskat- und Pimentpulver
1 TL Zimt
250 g Vollkornmehl
100 g Hafermehl
4 EL Milch
Butter für das Backblech
Mehl für die Arbeitsfläche

Zubereitungszeit:
45 Min.
Backzeit:
15 Min.

Nährwerte pro Stück:
23/96 kcal/kJ
1 g EW, 0,5 g F, 5 g KH

Und so geht's:

1. Zitronat fein hacken. Eier mit dem Zuckerrohrgranulat schaumig rühren. Hirschhornsalz in wenig kaltem Wasser auflösen und mit der Zitronenschale sowie allen Gewürzen unter die Eiermasse mischen. Vollkornmehl, Hafermehl und Zitronat über die Schaummasse streuen und mit der Milch unter den Teig kneten.

2. Backofen auf 200 Grad Celsius vorheizen. Das Backblech mit Butter einfetten. Teig 1 cm dick auf der bemehlten Arbeitsfläche ausrollen, daraus Kreise von 3 cm Durchmesser ausstechen und auf das Backblech legen. Auf mittlerer Einschubleiste ca. 15 Minuten backen.

3. Pfeffernüsse vom Blech nehmen und auf einem Kuchengitter auskühlen lassen.

4. Ergibt ca. 100 Stück.

Nikolaus und Knecht Ruprecht international

Zinniklos, Santiglaus & Co.

Auch in anderen Ländern kommt der Nikolaus zu den Kindern nach Hause, aber dort hat er einen anderen Namen.

In Slowenien kommt der Sveti Nikolaj.
In Kroatien und Serbien wird er Sveti Nikola genannt.
In Flandern und den Niederlanden heißt er Sint Nicolaas oder Sinterklaas.
In Polen ruft man ihn Święty Mikołaj.
In Österreich sagt man Nikolo.
In Portugal und Brasilien beschenkt der São Nicolau die Kinder.
In der Schweiz nennt man ihn Samichlaus oder Santiglaus.
In Luxemburg heißt er Zinniklos oder Kleeschen.
In England und Irland wird er Saint Nicholas genannt.
In Frankreich freuen sich die Kinder auf den Saint Nicolas.
In der Türkei verbreitet Aya Nikola Freude.
In Griechenland sagt man Αγιος Νικόλαος (Ájos Nikólaos).
Und in Russland nennt man den Nikolaus Святой Николай (Sviatoi Nikolai).

Wer kennt Schmutzli und Hans Muff?

Der Knecht Ruprecht begleitet den Heiligen Nikolaus zu den Kindern ins Haus. Er hat meist eine braune oder schwarze Kutte an, trägt einen Bart und im Gürtel steckt eine Rute. Der Knecht Ruprecht bestraft Kinder, die im vergangenen Jahr nicht artig waren. Das Brauchtum des Knechts Ruprecht als böses Geleit des Niklaus ist von Region zu Region unterschiedlich. So heißen die dunklen Gestalten in den einzelnen Regionen Deutschlands und in anderen euröpäischen Ländern:

In Bayern, Österreich, Südtirol erschrecken Krampus, Bartl oder Klabauf die Kinder.
In Norddeutschland ist es der Bullerklaas.
Im Rheinland kommen Beelzebub, Pelzebock oder Hans Muff.
Im Elsass geht Hans Trapp um.
Die deutschsprachige Schweiz kennt ihn als Schmutzli.
Im Allgäu heißt der finstere Geselle Klausen.
In Luxemburg trifft man auf Houseker.
Die französischen Kinder fürchten sich vor Père Fouettard.

Nikolausstrumpf

Material:

Schere
rote Kordel
Garn
alter roter Kniestrumpf
Alleskleber

Watte
Bleistift
weiße Filzreste
Kunststoff-Tannenzweige
Perlen, Schleifen

Schwierigkeitsgrad:
mittel

Und so geht's:

1. Schneide von der Kordel ein 20 cm langes Stück ab und forme daraus eine Schlaufe. Nähe die beiden losen Enden mit Garn gut an der Öffnung des Strumpfs an.

2. Beklebe nun die Öffnung außen rundherum mit Watte.

3. Zeichne mit Bleistift große Sterne auf den weißen Filz und schneide sie aus. Nähe sie anschließend am Strumpf fest.

4. Befestige mit Garn außerdem Tannenzweige aus Kunststoff, Perlen und kleine Schleifen.

5. Hänge deinen Strumpf nun an den Kamin oder draußen vor die Tür. Mal sehen, was dir der Nikolaus bringt!

Tipp

Sollten dir keine fertigen Schleifen aus dem Bastelladen zur Verfügung stehen, dann stelle dir aus einfachen Geschenkbändern selbst welche her.

Sankt Nikolaus von Myra

Legende

Der heilige Nikolaus war im vierten Jahrhundert nach Christus ein Bischof in einem kleinen Ort namens Myra in Kleinasien. Er war ein frommer, großherziger Mann, der sich stets bemühte, allen Menschen zu helfen. Eines Tages kam eine große Hungersnot über die Stadt Myra, da es in diesem Jahr zu viel Regen gegeben hatte, sodass die gesamte Getreideernte verdorben war. Weil die Bauern den Müllern kein Getreide brachten, konnten diese auch kein Mehl mahlen. Und weil die Müller den Bäckern kein Mehl brachten, konnten diese kein Brot backen. So hatten die Einwohner von Myra nicht genug zu essen.

Es herrschte große Not. Die Menschen waren verzweifelt und verloren ihren Glauben in Gott. Allein der Bischof von Myra, Nikolaus, behielt sein Gottvertrauen. „Gott wird uns helfen", sagte er zu den Menschen.

Dann begab es sich, dass ein großes Schiff in den Hafen von Myra einlief. Es hatte eine große Fracht Korn an Bord. Die Bewohner der Stadt kamen zum Schiff und bettelten verzweifelt: „Bitte, bitte, gebt uns etwas ab von eurem Korn. Wir zahlen auch dafür!" Doch die Seeleute schüttelten ihre Köpfe: „Wir können euch nichts geben. Es ist nicht unser Korn; wir transportieren es nur. Der Besitzer wird uns sicher bestrafen, wenn wir ihm nicht die volle Ladung abliefern."

Da ging der Bischof Nikolaus zu den Seeleuten und sprach mit ihnen. „Diese Menschen leiden Hunger", sagte er. „Gebt ihnen von eurem Korn. Ich verspreche euch, bei eurer Ankunft wird kein einziges Korn fehlen!"

Und tatsächlich, der Bischof konnte die Seeleute schließlich überzeugen. Sie schenkten den hungrigen Menschen einen Teil von ihrem Korn. Nun konnten die Müller wieder Mehl mahlen und den Bäckern bringen, damit diese Brot backten. Alle hatten wieder genug zu essen. Jeder Mann, jede Frau und jedes Kind wurde satt.

Als die Seeleute in ihrem Zielhafen anlegten und ihre Fracht überprüften, stellten sie fest, dass tatsächlich kein einziges Korn fehlte. So hatte der heilige Nikolaus die Menschen von Myra aus der Not befreit.

Weihnachten in anderen Ländern

Ein Blick in andere Länder zeigt, dass es viele Übereinstimmungen, aber auch Unterschiede gibt, wie das Weihnachtsfest begangen wird.

Italien

In Italien kommt das Christkind, das Bambinello Gesu, in der Nacht vom 24. zum 25. Dezember. Wenn die Kinder am Morgen aufstehen, finden sie Geschenke vor ihren Zimmertüren oder unter dem Christbaum. Traditionell wichtiger als der Christbaum ist in Italien die Krippe. Auf diese wird meist mehr Mühe verwandt als auf einen prunkvoll geschmückten Baum.

Frankreich

Während es in Frankreich am 24. Dezember wenig besinnlich zugeht, wird es am 25. Dezember umso festlicher. Dann werden die

traditionelle „Foie Gras", die Gänsestopfleber, und der „Bûche de Noël", der französische Weihnachtskuchen, serviert. Geschenke für die Kinder bringt Père Noël, der französische Weihnachtsmann. Er kommt in der Nacht vom 24. zum 25. Dezember durch den Kamin und liefert seine Präsente in den bereitgestellten Schuhen ab.

England

Auch in England kommen die Geschenke durch den Kamin. Durch diesen zwängt sich Santa Claus in der Nacht vom 24. zum 25. Dezember. Das traditionelle Weihnachtsessen, bei dem die Briten Papphütchen tragen und Knallbonbons platzen lassen, findet dort am 25. Dezember statt. Aufgetischt werden traditionellerweise gefüllter Truthahn, Plumpudding und Eierpunsch. Andere Länder, andere Sitten – das gilt auch für die Adventszeit. Während in Deutschland der Adventskranz den beliebtesten Begleiter durch die Vorweihnachtszeit darstellt und die Wohnung traditionell mit Tannengrün und Kerzen geschmückt wird, darf üblicherweise in keinem britischen Haushalt der Ilex, die grüne Stechpalme mit den roten Beeren, fehlen. Aus dem Angelsächsischen kommt bekanntermaßen auch der inzwischen über die Landesgrenzen hinaus beliebte Brauch, Mistelzweige über dem Türstock aufzuhängen. Begegnen sich zwei Menschen unter den Zweigen, dürfen sie sich küssen. Die Mistel, die bereits in römischer Zeit als Symbol des Lebens angesehen wurde, gilt als Glücksbringer. Sie soll für Glück im neuen Jahr sorgen.

Früchtestollen

Zutaten:
500 g Mehl
1 Würfel Hefe
⅛ l lauwarme Milch
1 EL Zucker
225 g Butter
1 Prise Salz
2 cl Rum
1 Msp. Kardamom, Zimt und
Nelken (gemahlen)
100 g Mandelstifte
100 g Rosinen
100 g Bananen (getrocknet)
100 g Feigen (getrocknet)
100 g Puderzucker

Zubereitungszeit: 90 Min.
Ruhezeit: 75 Min.
Backzeit: 60 Min.

Nährwerte pro Stück:
281/1174 kcal/kJ
5 g EW, 12 g F, 36 g KH

Und so geht's:

1. Mehl in eine Schüssel sieben, in die Mitte eine Vertiefung drücken und Hefe hineinbröckeln. Mit etwas lauwarmer Milch und Zucker verrühren und zugedeckt an einem warmen Ort ca. 15 Minuten gehen lassen.

2. Restliche lauwarme Milch mit 125 g geschmolzener Butter angießen, Salz, Rum und Gewürze zugeben und alles zu einem glatten Teig verarbeiten. Mandeln, Rosinen, Bananen- und Feigenstückchen unterkneten und Teig ca. 1 Stunde an einem warmen Ort gehen lassen.

3. Ofen auf 250 Grad Celsius vorheizen. Teig oval ausrollen, zu einem Stollen formen und auf ein mit Backpapier ausgelegtes Backblech geben. Damit er nicht auseinanderfällt, einen Streifen aus Alufolie um den Stollen legen.

4. Stollen in den Ofen schieben, Hitze auf 175 Grad Celsius reduzieren und Stollen 45 bis 60 Minuten backen. Noch heiß mit restlicher flüssiger Butter bestreichen und mit Puderzucker bestäuben.

5. Ergibt ca. 20 Stücke.

Knecht Ruprecht verschenkt die Zeit

Helga M. Mau

Es war wieder einmal Weihnachtszeit, und wie jedes Jahr hatte Sankt Nikolaus alle seine Helfer, die Engel und Knecht Ruprecht in den großen Weihnachtssitzungssaal zusammengerufen, denn jeder sollte Vorschläge machen, wie in diesem Jahr die Kinder am besten beschenkt werden könnten. Alle Helfer waren tagelang unterwegs gewesen, um zu sehen, wie die Wunschzettel der Kinder aussahen, alle hatten in den großen Geschäften geguckt, was in diesem Jahr Schönes für die Kinder angeboten wurde. Alle hatten sich etwas aufgeschrieben, um dem Nikolaus Bericht zu erstatten.

Sankt Nikolaus saß auf seinem großen goldenen Stuhl und blickte über den Rand seiner Brille seine Engel und Helfer an.

„Nun", sagte er, „ich höre ja gar nichts!"
„Ich habe die längste Liste", rief ein Engel, stellte sich auf einen Stuhl und sagte: „Ich lese einfach mal vor."
„Na ja", nickte Sankt Nikolaus, „dann leg mal los."
„Also, die Kinder wünschen sich heute die tollsten Sachen, Puppen, die singen und laufen können, Puppenwagen in den schönsten Farben, Autos, Eisenbahnen, blitzende Fahrräder, Computerspiele, ja, Computerspiele sind natürlich sehr in."
„Oh, ja", rief es von allen Seiten, „das ist heuer *das* Geschenk."
„Hmm ...", machte der Nikolaus, „das ist aber alles sehr teuer."
„Ja, ja", rief einer der Engel, „aber wir müssen schließlich mit der Zeit gehen."

„Ja, aber fällt euch denn überhaupt nichts ein, was ein bisschen preiswerter ist?" „Ha, ha", rief ein sehr vorwitziger Engel, „preiswert – so was gibt es doch heute überhaupt nicht mehr."

„Nun mal langsam", mischte sich jetzt Knecht Ruprecht ein. Er hatte sich die ganze Zeit still verhalten, hatte nur ab und zu gedankenverloren mit dem Kopf geschüttelt. Alle schauten ihn erwartungsvoll an. „Also", sagte Sankt Nikolaus, „hast du vielleicht einen guten Vorschlag?" – „Na ja", murmelte Knecht Ruprecht, „ich würde gerne in diesem Jahr einmal alles anders machen."
„Wie – alles anders?", rief es von allen Seiten.
„Jetzt lasst mich doch erst mal ausreden", sagte Knecht Ruprecht.
„Nun mal raus mit der Sprache", sagte Sankt Nikolaus, „was willst du denn den Kindern eigentlich schenken?"
„Also", sagte Knecht Ruprecht, „ich würde ihnen gerne Zeit schenken."
„Zeit? Zeit?", rief es von allen Seiten.
„Ja, Zeit", sagte Knecht Ruprecht, „denn das ist etwas, was den meisten Menschen fehlt."
„Wie stellst du dir das vor?", rief einer der Engel.
„Ich werde es einfach mal versuchen", beharrte Knecht Ruprecht, „ich werde den Menschen Zeit schenken."

„Na ja, das kannst du ja machen, aber ich schenke Computerspiele, dann bin ich wenigstens in", meinte einer der Engel.
„Also gut", sagte Sankt Nikolaus, „jeder holt seine Geschenke und dann wird es ja auch langsam Zeit, dass wir uns auf den Weg machen um die Kinder zu beschenken."

Alle Engel waren schwer beladen, als es hieß, nun gehe es los, die Kinder zu bescheren. Nur Knecht Ruprecht nicht, er hatte nicht viel zu tragen. Er hatte ein Buch mit schönen Weihnachtsgeschichten in der Hand, Bastelpapier, eine CD mit Weihnachtsliedern und konnte alles in einer kleinen Aktentasche bequem tragen. Deswegen war er natürlich auch viel schneller als die Engel, die sehr schwer zu schleppen hatten. In den Tagen vor Weihnachten war er der erste, der bei den Kindern ankam. In den ersten Wohnungen, in die er eingelassen wurde, war er sich noch gar nicht so sicher, ob es wohl das Richtige war, was er da in der Tasche hatte. Und als er den Kindern erzählte, dass er ihnen Zeit brachte, Bücher mit Weihnachtsgeschichten, Weihnachtsliedern und Bastelpapier, da wurde er von einigen schon ein bisschen skeptisch

angeguckt. Aber dann war er doch sehr überrascht, denn viele Mütter und Väter setzten sich mit ihren Kindern zusammen, schauten sich das Buch mit den schönen Weihnachtsgeschichten an und viele sagten: „Das ist eine gute Idee, wir schenken uns gegenzeitig Zeit."

Da wurden Kerzen angezündet, alle versammelten sich um den Tisch, Mütter, Väter oder größere Geschwister lasen die Geschichten vor. Es wurde gebastelt und gesungen, alle machten so zufriedene Gesichter, dass Knecht Ruprecht leise aufstand und sich verabschiedete, um ins nächste Haus zu gehen.

Nun erreichte auch Sankt Nikolaus mit seinen schwer beladenen Engeln die ersten Wohnungen, um seine Geschenke zu bringen. Sie klingelten gleich beim ersten Haus, denn sie wussten, dass dort drei Kinder wohnten. Der Vater öffnete sehr ungehalten die Tür und sagte: „Was wollt ihr denn noch hier? Wir sind doch schon so reich beschenkt worden." – „Wieso?", fragte Sankt Nikolaus.

„Ja", sagte der Vater, „Knecht Ruprecht war schon hier. Er hat uns Zeit geschenkt." – „Na ja", murmelte Sankt Nikolaus, „dann versuchen wir es eben im nächsten Haus." Und einer seiner Engel ließ noch ein paar kleine Geschenke für die Kinder dort. Aber im nächsten Haus und in den folgenden Häusern ging es Sankt Nikolaus mit seinen Helfern nicht anders. Überall waren die Familien um den Tisch versammelt, lasen Geschichten vor, hörten Weihnachtsmusik und waren so recht zufrieden. Sankt Nikolaus und seine Engel wurden nur die kleinen Geschenke los, für die großen hatte niemand Interesse.

„Dann war ja die Idee von Knecht Ruprecht doch nicht so schlecht", sagte einer der Engel. „Das machen wir jetzt immer so", meinte ein anderer Engel, „wir schicken Knecht Ruprecht vorneweg, lassen ihn Zeit verschenken, wir gehen hinterher und bringen noch ein paar kleine Geschenke, dann brauchen wir uns mit den großen Geschenken doch nicht mehr so abplagen."
„Und", sagte Sankt Nikolaus, „es ist alles nicht so teuer."

Als sie Knecht Ruprecht auf dem Rückweg wieder trafen, klopfte Sankt Nikolaus seinem Gesellen auf die Schulter und sagte: „Das hat du gut gemacht, das war ein preiswertes Weihnachten."
„Ja ...", schmunzelte Knecht Ruprecht, „Zeit ist nun einmal unbezahlbar!"

Spitzbuben

Zutaten:

380 g Mehl
125 g Zucker
1 Päckchen Vanillinzucker
250 g Margarine
Mehl zum Ausrollen

Fett für das Blech
100 g Himbeerkonfitüre
120 g Puderzucker
Saft von 1 Zitrone

Zubereitungszeit: 30 Min.
Ruhezeit: 1 Std.
Backzeit: 12 Min.

Nährwerte pro Stück:
113/472 kcal/kJ
1g EW, 5 g F, 15 g KH

Und so geht's:

1. Mehl auf die Arbeitsfläche sieben, in die Mitte eine Mulde drücken und Zucker sowie Vanillinzucker einstreuen. Margarine in Stückchen auf dem Mehlrand verteilen. Alles rasch zu einem Mürbeteig verkneten und zugedeckt 1 Stunde kühl stellen.

2. Teig halbieren. Auf bemehlter Arbeitsfläche ½ cm dick ausrollen und mit einem Backförmchen oder einem Glas von 3 cm Durchmesser runde Plätzchen ausstechen. Auf ein gefettetes Blech legen. Plätzchen auf mittlerer Schiene im vorgeheizten Ofen bei 190 Grad Celsius 10 bis 12 Minuten backen. Auf einem Kuchengitter auskühlen lassen.

3. Restlichen Teig genauso verarbeiten, aber aus den großen Kreisen vor dem Backen kleinere Kreise ausstechen. Die Plätzchen ohne Löcher mit Konfitüre bestreichen und mit den anderen zusammenfügen.

4. Gesiebten Puderzucker mit 2 EL heißem Wasser und Zitronensaft glatt rühren. Oberfläche der Plätzchen damit glasieren. Plätzchen abschließend mit Puderzucker bestäuben.

5. Ergibt ca. 40 Stück.

Tipp

Nach Wunsch aus der Hälfte der ungebackenen Kekse Kreise ausstechen und diese beim Zusammensetzen obenauf geben, damit die Konfitüre durchscheint.

Sankt Niklas' Auszug

Paula Dehmel

Sankt Niklas zieht den Schlafrock aus,
klopft seine lange Pfeife aus
und sagt zur heiligen Kathrein:
„Öl mir die Wasserstiefel ein,
bitte hol auch den Knotenstock
vom Boden und den Fuchspelzrock,
die Mütze lege oben drauf,
und schütt' dem Esel tüchtig auf,
halt auch sein Sattelzeug bereit;
wir reisen, es ist Weihnachtszeit.
Und dass ich's nicht vergess, ein Loch
ist vorn im Sack, das stopfe noch!
Ich geh derweil zu Gottes Sohn
und hol mir meine Instruktion."

Die heilige Käthe, sanft und still,
tut alles, was Sankt Niklas will.
Der klopft indes beim Herrgott an,
Sankt Peter hat ihm aufgetan
und sagt: „Grüß Gott! Wie schaut's denn aus?"
und führt ihn ins himmlische Werkstätten-
haus.

Da sitzen die Englein an langen Tischen,
ab und zu Feen dazwischen,
die den Kleinsten zeigen, wie's zu machen,
und weben und kleben die niedlichsten Sachen,
hämmern und häkeln, schnitzen und
schneidern,
fälteln die Stoffe zu zierlichen Kleidern,
packen die Schachteln, binden sie zu
und haben so glühende Bäckchen wie du.

Herr Jesus sitzt an
seinem Pult
und schreibt mit Liebe
und Geduld
eine lange Liste.
Potz Element,
wieviel artige Kinder Herr Jesus kennt!
Die sollen die schönen Engelsgaben
zu Weihnachten haben.

Was fertig ist, wird eingepackt
und auf das Eselchen gepackt.
Sankt Niklas zieht sich recht warm an;
Kinder, er ist ein alter Mann,
und es fängt tüchtig an zu schnei'n,
da muss er schon vorsichtig sein.

So geht es durch die Wälder im Schritt,
manch Tannenbäumchen nimmt er mit;
und wo er wandert, bleibt im Schnee
manch Futterkörnchen für Has' und Reh.
Aus Haus und Hütte strahlt es hell,
da hebt er dem Esel den Sack vom Fell,
macht leise alle Türen auf,
jubelnd umdrängt ihn der kleine Hauf:
„Sankt Niklas, Sankt Niklas,
was hast du gebracht?
was haben die Englein
für uns gemacht?"
„Schön Ding, gut Ding,
aus dem himmlischen Haus;
langt in den Sack! Holt euch was raus!"

Der Winter ist da

A, a, a, der Winter, der ist da

1. A, a, a, der Win-ter, der ist da. Herbst und Som-mer sind ver-gan-gen, Win-ter, der hat an-ge-fan-gen. A, a, a, der Win-ter, der ist da.

2. E, e, e, nun gibt es Eis und Schnee.
Blumen blüh'n an Fensterscheiben,
sind sonst nirgends aufzutreiben.
E, e, e, nun gibt es Eis und Schnee.

3. I, i, i, vergiss des Armen nie.
Hat oft nichts sich zuzudecken,
wenn nun Frost und Kält' ihn schrecken.
I, i, i, vergiss des Armen nie.

4. O, o, o, wie sind wir alle froh.
Wenn der Niklaus wird was bringen
und vorm Tannenbaum wir singen.
O, o, o, wie sind wir Kinder froh.

5. U, u, u, die Teiche frieren zu.
Hei, nun geht es wie der Wind
übers blanke Eis geschwind!
U, u, u, die Teiche frieren zu.

Worte: Hoffmann von Fallersleben
Weise: Volkslied

Schneemänner

Extra für Kinder

Zutaten:

Für den Teig:
200 g Butter
200 g Weizenmehl
100 g zarte Haferflocken
100 g Zucker
1 Päckchen Vanillinzucker
abgeriebene Schale von
1 Zitrone (unbehandelt)
1 Ei
Mehl zum Ausrollen

Für die Verzierung:
2–3 EL Korinthen
2 EL Pinienkerne
250 g Puderzucker
rote Lebensmittelfarbe

Zubereitungszeit:
50 Min.
Backzeit:
12 Min.

Nährwerte pro Stück:
142/596 kcal/kJ
2 g EW, 6 g F, 20 g KH

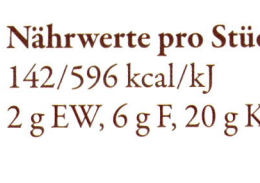

Tipp

Steche gleich nach dem Backen zwei kleine Löcher für die Anhänger hinein, so können die Schneemänner auch als Adventsschmuck verwendet werden.

Und so geht's:

1. Verknete Butter, Mehl, Haferflocken, Zucker, Vanillinzucker, Zitronenschale und Ei. Forme daraus eine Kugel und stelle sie zugedeckt in den Kühlschrank. Anschließend kannst du den Teig auf einer bemehlten Arbeitsfläche ausrollen. Nun muss der Backofen auf 180 Grad Celsius vorgeheizt werden.

2. Stich aus dem Teig Kreise von 7 cm Durchmesser für den Körper und 4 cm Durchmesser für den Kopf aus. Setze jeweils den kleinen Kreis so auf den großen, dass er leicht überlappt. Drücke ihn etwas an. Setze die Korinthen auf den „Bauch" der Schneemänner (als Knöpfe). In den oberen Kreis drückst du jeweils einen Pinienkern als Nase.

3. Lege deine Schneemänner auf ein mit Backpapier ausgelegtes Blech. Sie müssen nun im Ofen auf mittlerer Einschubleiste 10 bis 12 Minuten backen. Lasse sie anschließend auskühlen. Verrühre dann die Hälfte des Puderzuckers mit Wasser und färbe das Ganze mit Lebensmittelfarbe rot ein. Bestreue die Schneemänner mit dem restlichen Puderzucker und male ihnen mit dem farbigen Zuckerguss kleine rote Mützen.

4. Aus den Zutaten kannst du 30 Schneemänner backen.

Väterchen Frost

Märchen aus Russland

Es war einmal vor langer Zeit in einem weit entfernten Land ein Mann mit seiner Frau. Beide waren bereits zuvor verheiratet gewesen, doch ihre früheren Eheleute waren gestorben und so hatten sie wieder geheiratet. Beide hatten aus ihren früheren Ehen je eine Tochter. Die Tochter der Frau war böse und gemein, während die Tochter des Mannes lieb und sanft war. Die Frau liebte nur ihre eigene Tochter und ließ ihre Stieftochter den ganzen Tag hart arbeiten. Das Mädchen musste das ganze Haus alleine putzen und wurde von der Stiefmutter oft geschlagen. Doch trotzdem hasste die Frau die Tochter des Mannes von Tag zu Tag mehr.

Eines Tages, mitten in einem harten, kalten Winter, beschloss die Stiefmutter, dass das arme Mädchen in den tiefen Wald gebracht und sich selbst überlassen werden sollte. Der Vater des Mädchen wollte das natürlich nicht, doch seine Frau war so boshaft und herrisch, dass er mittlerweile Angst vor ihr hatte, seine Tochter tatsächlich mit in den Wald nahm und sie dort alleine ließ. Einsam und verlassen saß das Mädchen nun unter einem Baum. Doch schon nach kurzer Zeit hörte es ein Knacken von Zweigen und kurz darauf eine Stimme, die sprach: „Frierst Du, liebes Kind?" Das Mädchen erkannte die Stimme als die von Väterchen Frost und antwortete: „Nein, Väterchen Frost. Mir ist nicht kalt." Doch das arme Kind tat dem Väterchen so leid, dass er es in einen weichen, prächtigen Mantel wickelte, die ganze Nacht wärmte und es am Morgen mit Geschenken überhäufte.

Der Vater bedauerte seine böse Tat inzwischen und kam am nächsten Tag in den Wald zurück, um seine Tochter zu retten und freute sich sehr, als er sie nicht nur lebendig, sondern auch warm bekleidet und mit großen Reichtümern beladen fand. Beide kehrten nach Hause zurück. Als sie wieder zurück waren und die Stiefmutter die Reichtümer des Mädchens sah, wollte sie sofort, dass auch ihre eigene Tochter in den Wald gebracht würde und dort eine Nacht verbringen solle. Natürlich hoffte sie, dass auch ihre Tochter reich beschenkt zurückkommen würde.

Also ging der Mann in den Wald und ließ die Tochter der Frau dort zurück. Doch als er sie am nächsten Morgen holen wollte, erschrak er. Nicht beladen mit Reichtum, sondern kalt gefroren war der Leib des bösen Mädchens. Er brachte ihren Leichnam der bösen Frau zurück, nahm seine eigene Tochter bei der Hand und zog von der bösen Stiefmutter für immer fort. Und wenn er und das Mädchen nicht gestorben sind, so leben sie noch heute.

Borschtsch

Zutaten:

3 Zwiebeln
1 Bd. Suppengrün
1 kg Suppenknochen
750 g Rindfleisch
Salz, 1 TL Pfefferkörner
1 TL Wacholderbeeren
1 Lorbeerblatt

200 g Knollensellerie
800 g Rote Bete
1 Knoblauchzche, 1 EL Butter
Pfeffer aus der Mühle
1 Prise Zucker, Essig
250 g Weißkohl
1 EL Dill, gehackt

Zubereitungszeit: 1 Std.
Garzeit: 3 ½ Std.

Nährwerte pro Portion:
465/1946 kcal/kJ
55 g EW, 16 g F, 25 g KH

Und so geht's:

1. 1 Zwiebel schälen und halbieren. Suppengrün putzen, waschen, gegebenenfalls schälen und in Stücke schneiden.

2. Suppenknochen und Rindfleisch kalt abspülen und mit Zwiebelhälften, Suppengrün, 1 TL Salz, Pfefferkörnern, Wacholderbeeren und Lorbeerblatt in 2 l Wasser zum Kochen bringen. Bei kleiner Hitze 2 Stunden köcheln lassen, dabei den entstehenden Schaum abschöpfen.

3. Sellerie schälen und grob raffeln, Rote Bete schälen und in Würfel schneiden. Restliche Zwiebeln schälen und würfeln, Knoblauch schälen und fein hacken.

4. Knochen und Fleisch aus der Brühe nehmen. Fleisch von Fett und Sehnen befreien und würfeln. Abgedeckt beiseitestellen. Fleischbrühe durch ein Sieb gießen und ebenfalls beiseitestellen.

5. In einem großen Topf Butter erhitzen. Gewürfelte Zwiebeln und Knoblauch darin unter Rühren kurz anschmoren. Sellerie und

Rote Bete zugeben und 3 Minuten mitbraten. Mit so viel Fleischbrühe aufgießen, bis das Gemüse bedeckt ist. Mit Salz, Pfeffer und Zucker würzen, 3 EL Essig zufügen. Bei kleiner Hitze 50 Minuten köcheln lassen.

6. Vom Weißkohl die äußeren Blätter entfernen, Kohl ohne den Strunk in feine Streifen schneiden. Zum Rote-Bete-Gemüse geben, wieder so viel Fleischbrühe angießen, bis alles bedeckt ist. Weitere 30 Minuten bei milder Hitze köcheln lassen.

7. Rindfleischwürfel unter das Gemüse mischen und erwärmen. Mit Essig, etwas Zucker und Salz abschmecken, zum Schluss Dill unterrühren.

Drei Spatzen

Christian Morgenstern

In einem leeren Haselstrauch,
da sitzen drei Spatzen, Bauch an Bauch.
Der Erich rechts und links der Franz
und mittendrin der freche Hans.
Sie haben die Augen zu, ganz zu,
und obendrüber, da schneit es, hu!

Sie rücken zusammen dicht, ganz dicht.
So warm wie der Hans hat's niemand nicht.
Sie hör'n alle drei ihrer Herzlein Gepoch.
Und wenn sie nicht weg sind, so sitzen sie noch.

Weihnachtsquiz

Wie gut kennst du dich mit Christkind, Tannenbaum & Co. aus? Mit diesem Quiz kannst du dein Weihnachts-Wissen überprüfen. Viel Spaß!

1. Wo wurde Jesus geboren?
❑ a) Jerusalem   ❑ b) Nazareth
❑ c) Bethlehem   ❑ d) Jericho

2. Was bedeutet das lateinische Wort „adventus", von dem sich Advent ableitet?
❑ a) Ankunft   ❑ b) Vorbereitung
❑ c) Erwartung   ❑ d) Fest

3. In welcher Stadt war St. Nikolaus Bischof?
❑ a) Jerusalem   ❑ b) Myra
❑ c) Rom   ❑ d) Konstantinopel

4. Wann bringt Sinterklaas den niederländischen Kindern ihre Geschenke?
❑ a) am 24. Dezember
❑ b) am 25. Dezember
❑ c) am 6. Dezember
❑ d) am 5. Dezember

5. Wie heißt der Vater von Jesus?
❑ a) David   ❑ b) Jakob
❑ c) Judas   ❑ d) Joseph

6. „Ihr Kinderlein kommet, o kommet doch all …" – Wie geht's weiter?
❑ a) Lasset uns sehen in Bethlehems Stall.
❑ b) Überall tönt durch die Lüfte froher Schall.
❑ c) Zur Krippe her kommt in Bethlehems Stall.
❑ d) Alles schläft, einsam wacht nur das traute hochheilige Paar.

7. Wer bringt in Schweden die Weihnachtsgeschenke?
❑ a) Jultomte   ❑ b) Julmust
❑ c) Lucia   ❑ d) Nisse

8. Wie heißt der finstere Begleiter vom Nikolaus nicht?
❑ a) Knecht Ruprecht   ❑ b) Krampus
❑ c) Nickel   ❑ d) Rumpel

Lösung: 1c), 2a), 3b), 4d), 5d), 6c), 7a), 8c)

Jingle Bells

1. We're dash-ing thro' the snow in a one-horse o-pen sleigh, and o'er the fields we go,_____ laugh-ing all the way; the bells on bob-tail ring they're ma-king spi-rits bright, what 1fun it is to ride and sing a sleigh-ing song to-night! Jin-gle bells! Jin-gle bells! Jin-gle all the way! Oh, what fun it is to ride in a one-horse o-pen sleigh!_____ one-horse o-pen sleigh!

2. A day or two ago I thought I'd take a ride,
and soon Miss Fannie Bright was seated
by my side.
The horse was lean and lank, misfortune
seemed his lot,
he got into a drifted bank and we, we got
upsot.

3. Now the ground is white, go it while
you're young,
take the girls tonight and sing this sleighing
song.
Just get a bobtailed bay, two-forty for his speed,
then hitch him to an open sleigh, and crack!
You'll take the lead.

Worte: James Lord Pierpont
Weise: Volkslied

Zitrusfrüchtesalat mit Mandelsplittern

Zutaten:

1 Grapefruit
1 Zitrone
2 Navelorangen
1 rote Zwiebel
100 ml Orangensaft
1 EL Maiskeimöl

1 EL Zucker
Salz
35 g Mandelsplitter, goldgelb
geröstet
Korianderblättchen zum
Garnieren

Zubereitungszeit:
15 Min.
Ziehzeit:
15 Min.

Nährwerte pro Portion:
164/689 kcal/kJ
2 g EW
5 g F
23 g KH

Und so geht's:

1. Zitrusfrüchte so schälen, dass die weiße Haut völlig entfernt ist. Das Fruchtfleisch in Scheiben schneiden.

2. Flache Salatschalen mit den Früchten auslegen. Darauf achten, dass Grapefruit, Zitronen und Orangen gleichmäßig verteilt sind.

3. Zwiebel schälen, in dünne Ringe hobeln und über die Früchte verteilen.

4. Aus Orangensaft, Keimöl, Zucker und Salz ein Dressing rühren und anschließend über die vorbereiteten Zitrusfrüchte träufeln.

5. Mit Mandelsplittern bestreuen und zugedeckt bei Zimmertemperatur ca. 15 Minuten ziehen lassen.

6. Zitrusfrüchtesalat vor dem Servieren mit frischen Korianderblättchen garnieren.

Der Schneemann

Hans Christian Andersen

„Es knackt tüchtig in mir, so herrlich kalt ist es!", sagte der Schneemann. „Der Wind kann einem freilich Leben eintreiben. Und wie die Glühende dort glotzt!" – Er meinte die Sonne damit, die eben untergehen wollte. „Sie soll mich nicht zum Blinzeln bringen, ich kann die Brocken schon noch festhalten."

Er hatte nämlich statt Augen zwei große runde Dachziegelbrocken, der Mund war ebenfalls aus mehreren Brocken zusammengesetzt, deshalb hatte er auch Zähne. Er war unter den Jubelrufen der Knaben geboren, begrüßt vom Schellengeläut und Peitschenknall der Schlitten.

Die Sonne ging unter, der Vollmond ging auf, rund und groß, klar und schön in der blauen Luft. „Da haben wir sie wieder von einer anderen Seite!", sagte der Schneemann.

Er glaubte, es sei die Sonne, die sich wieder zeigte. „Ich habe ihr das Glotzen abgewöhnt! Nun kann sie dort hängen und leuchten, damit ich mich selber sehen kann. Wüsste ich nur, wie man es macht, um von der Stelle zu kommen! Ich möchte mich gar zu gern bewegen! Wenn ich es könnte, würde ich nun dort unten auf dem Eise hingleiten, wie ich es die Knaben tun sah; aber ich verstehe nichts vom Laufen."

„Weg! Weg!", bellte der alte Kettenhund; er war etwas heiser, das war er geworden, als er Stubenhund war und unter dem Ofen lag. „Die Sonne wird dich schon laufen lehren! Das sah ich bei deinem Vorgänger auch. Weg, weg und weg sind sie alle!"

„Ich verstehe dich nicht, Kamerad!", sagte der Schneemann. „Soll die dort oben mich laufen lehren?" Er meinte den Mond. „Ja, sie lief freilich vorhin, als ich sie fest ansah, nun schleicht sie von einer anderen Seite heran."

„Du weißt auch gar nichts!", sagte der Kettenhund. „Aber du bist auch eben erst zusammengeklatscht worden. Was du nun siehst, heißt Mond, das, was fortging, war die Sonne, sie kommt morgen wieder, sie wird dich schon lehren, in den Wallgraben hinabzulaufen. Wir bekommen bald anderes Wetter, das spüre ich in meinem linken Hinterbein, es reißt darin. Das Wetter schlägt um!"

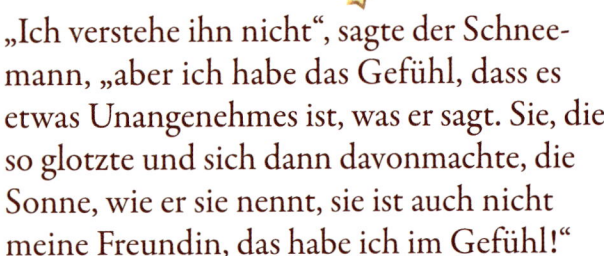

„Ich verstehe ihn nicht", sagte der Schneemann, „aber ich habe das Gefühl, dass es etwas Unangenehmes ist, was er sagt. Sie, die so glotzte und sich dann davonmachte, die Sonne, wie er sie nennt, sie ist auch nicht meine Freundin, das habe ich im Gefühl!"

„Weg! Weg!", bellte der Kettenhund, ging dreimal um sich herum und legte sich dann in seine Hütte, um zu schlafen.

Das Wetter änderte sich wirklich. Dicker, feuchter Nebel lag gegen Morgen über der ganzen Gegend; als es Tag wurde, begann es zu wehen. Der Wind war so eisig, der Frost packte ordentlich zu, aber was war das für ein Anblick, als die Sonne aufging! Bäume und Büsche waren mit Raureif bedeckt; es sah aus wie ein Wald von weißen Korallen, es war, als ob alle Zweige mit strahlend weißen Blüten übersät wären. Die unendlich vielen und feinen Verästelungen, die man im Sommer unter all den Blättern nicht sieht, kamen nun alle einzeln hervor; es war ein Spitzengewebe und so leuchtend weiß, als ströme ein weißer Glanz aus jedem Zweige. Die Hängebirke bewegte sich im Winde, es war Leben in ihr wie in allen Bäumen zur Sommerzeit; es war eine unvergleichliche Pracht! Und als dann die Sonne schien, nein, wie funkelte das Ganze, als ob es mit Diamantenstaub überpudert wäre, und auf der Schneedecke des Erdbodens glitzerten die großen Dia-

manten, oder man konnte auch glauben, dass dort unzählige kleine Lichter brannten, weißer als der weiße Schnee. „Das ist unvergleichlich schön!", sagte ein junges Mädchen, das mit einem jungen Manne in den Garten trat und gerade beim Schneemann stehen blieb, wo sie die flimmernden Bäume betrachteten. „Einen schöneren Anblick hat man selbst im Sommer nicht!", sagte sie, und ihre Augen strahlten.

„Und so einen Kerl wie diesen hat man im Sommer erst recht nicht", sagte der junge Mann und zeigte auf den Schneemann. „Er ist ausgezeichnet!"

Das junge Mädchen lachte, nickte dem Schneemann zu und tanzte mit seinem Freunde über den Schnee dahin, der unter ihnen knirschte, als gingen sie auf Stärkemehl. „Wer waren die beiden?", fragte der Schneemann den Kettenhund: „Du bist länger auf dem Hofe als ich, kennst du sie?"

„Versteht sich!", sagte der Kettenhund. „Sie hat mich ja gestreichelt, und er hat mir einen Knochen gegeben; die beiße ich nicht!"
„Aber was stellen sie hier vor?", fragte der Schneemann.

„Brrr-rautleute!", sagte der Kettenhund. „Sie werden in eine Hütte ziehen und zusammen am Knochen nagen. Weg! Weg!"

„Haben die beiden ebenso viel zu bedeuten wie du und ich?", fragte der Schneemann.

„Sie gehören zur Herrschaft!", sagte der Kettenhund. „Man weiß wirklich ungemein wenig, wenn man gestern erst geboren ist; das merke ich an dir! Ich habe Alter und Kenntnisse, ich kenne alle hier im Hause! Und ich habe eine Zeit gekannt, so ich nicht hier in der Kälte und an der Kette lag. Weg! Weg!"

„Die Kälte ist herrlich", sagte der Schneemann. „Erzähle , erzähle! Aber du darfst nicht so mit der Kette rasseln, denn dabei knackt es in mir."

„Weg! Weg!", bellte der Kettenhund. „Ein Hündchen bin ich gewesen, klein und niedlich, sagten sie, damals lag ich in einem Samtstuhl drinnen im Hause, lag im Schoße der obersten Herrschaft; sie küssten mich auf die Schnauze und wischten mir die Pfoten mit einem gestickten Taschentuch ab; ich

hieß ‚Schönster', ‚Pusselpusselbeinchen', aber dann wurde ich ihnen zu groß; sie schenkten mich der Haushälterin; ich kam in die Kellerwohnung! Du kannst hineinsehen von dort aus, wo du stehst; du kannst in die Kammer hinabsehen, wo ich Herrschaft gewesen bin, denn das war ich bei der Haushälterin. Es war ein geringerer Ort als oben, aber hier war es gemütlicher, ich wurde nicht von den Kindern gedrückt und herumgeschleppt wie oben. Ich bekam ebenso gutes Futter wie früher und viel mehr! Ich hatte mein eigenes Kissen, und dann war da ein Ofen, der um diese Zeit das Schönste von der Welt ist! Ich kroch ganz darunter, sodass ich verschwunden war. Ach, von dem Ofen träume ich heute noch. Weg!"

„Sieht denn ein Ofen so schön aus?" fragte der Schneemann. „Hat er Ähnlichkeit mit mir?"

„Er ist gerade das Gegenteil von dir! Kohlschwarz ist er, hat einen langen Hals mit Messingtrommel. Er frisst Brennholz, dass ihm das Feuer aus dem Munde sprüht. Man muss sich an seiner Seite halten oder unter ihm, das ist äußerst angenehm. Du musst ihn durch das Fenster sehen können von dort aus, wo du stehst."

Und der Schneemann guckte, und wirklich sah er einen schwarzen, blank polierten Gegenstand mit Messingtrommel; das Feuer

leuchtete unten heraus. Dem Schneemann wurde ganz wunderlich zumute; er hatte ein Gefühl, über das er sich selbst keine Rechenschaft ablegen konnte; es kam etwas über ihn, das er nicht kannte, das aber alle Menschen kennen, wenn sie nicht Schneemänner sind. „Und warum verließest du sie?", fragte der Schneemann. Er hatte die Empfindung, dass es ein weibliches Wesen sein musste. „Wie konntest du nur so einen Ort verlassen?"

„Ich bin dazu gezwungen worden!", sagte der Kettenhund. „Sie warfen mich hinaus und legten mich hier an die Kette. Ich hatte den jüngsten Jungen ins Bein gebissen, weil er mir den Knochen wegstieß, an dem ich nagte; Knochen um Knochen, denk' ich! Aber das nahmen sie mir übel, und von der Zeit an habe ich an der Kette gelegen und habe meine klare Stimmer verloren, höre nur, wie heiser ich bin: Weg! Weg! Das war das Ende vom Liede!"

Der Schneemann hörte nicht mehr zu; er sah immerfort in die Kellerwohnung der Haushälterin, in ihre Stube hinab, wo der Ofen auf seinen vier eisernen Beinen stand und sich in derselben Größe zeigte wie der Schneemann.

„Es knackt so seltsam in mir!", sagte er. „Soll ich niemals dort hineinkommen? Es ist doch ein unschuldiger Wunsch, und unsere unschuldigen Wünsche werden gewiss in Erfül-

lung gehen. Es ist mein höchster Wunsch, mein einziger Wunsch, und es wäre fast ungerecht, wenn er nicht erfüllt würde. Ich muss dort hinein, ich muss mich an sie lehnen, und wenn ich auch das Fenster zerschlagen sollte!"

„Dort kommst du niemals hinein", sagte der Kettenhund, „und kommst du an den Ofen, dann bist du weg, weg!"
„Ich bin schon so gut wie weg!", sagte der Schneemann, „ich breche zusammen, glaube ich."

Den ganzen Tag stand der Schneemann da und guckte zum Fenster hinein; in der Dämmerstunde wurde die Stube noch einladender; vom Ofen her leuchtete es so mild, nicht wie der Mond und auch nicht wie die Sonne, nein, wie nur der Ofen leuchten kann, wenn er etwas in sich hat. Ging die Tür auf, so schlug die Flamme heraus, das war so seine Gewohnheit; es glühte ordentlich auf in dem weißen Gesicht des Schneemanns, es leuchtete rot über seine Brust.

„Ich halte es nicht mehr aus!", sagte er. „Wie schön es sie kleidet, die Zunge herauszustrecken!"

Die Nacht war sehr lang, aber nicht für den Schneemann, er stand da in seine eigenen schönen Gedanken vertieft, und die froren, dass es knackte.
Am Morgen waren die Kellerfenster zugefroren, sie trugen die schönsten Eisblumen, die nur ein Schneemann verlangen konnte; aber sie verbargen den Ofen. Die Scheiben wollten nicht auftauen; er konnte „sie" nicht sehen. Es knackte, es knirschte, es war gerade so ein Frostwetter, an dem ein Schneemann seine Freude haben muss, aber er freute sich nicht; er hätte sich so glücklich fühlen können und müssen, aber er war nicht glücklich, er hatte Ofensucht.

„Das ist eine schlimme Krankheit für einen Schneemann", sagte der Kettenhund. „Ich habe auch an der Krankheit gelitten, aber ich habe sie überstanden. Weg! Weg! – Nun bekommen wir anderes Wetter!"

Und es gab anderes Wetter, es gab Tauwetter.

Das Tauwetter nahm zu, der Schneemann nahm ab. Er sagte nichts, er klagte nicht, und das ist das richtige Zeichen.
Eines Morgens brach er zusammen. Es ragte etwas wie ein Besenstiel in die Luft, dort, wo er gestanden hatte, um den Stiel herum hatten die Knaben ihn aufgebaut.

„Nun kann ich das mit seiner Sehnsucht verstehen", sagte der Kettenhund. „Der Schneemann hat einen Feuerhaken im Leibe gehabt! Das ist es, was sich in ihm geregt hat, nun ist es überstanden. Weg! Weg!"

Und bald war auch der Winter überstanden.

„Weg! Weg!", bellte der Kettenhund; aber die Mädchen auf dem Hofe sangen:
„Waldmeister grün! Hervor aus dem Haus!
Weide, die wollenen Handschuhe aus!
Lerche und Kuckuck, singt fröhlich drein! –
Frühling im Februar wird es sein!
Ich singe mit Kuckuck! Quivit!
Komm liebe Sonne, komm oft – quivit!"
Und dann denkt niemand mehr an den Schneemann.

Dezemberlied

Franz Grillparzer

Harter Winter, streng und rauch,
Winter, sei willkommen!
Nimmst du viel, so gibst du auch,
das heißt nichts genommen!

Zwar am Äußern übst du Raub,
Zier scheint dir geringe,
Eis dein Schmuck, und fallend Laub
deine Schmetterlinge,

Rabe deine Nachtigall,
Schnee dein Blütenstäuben,
deine Blumen, traurig all
auf gefrornen Scheiben.

Doch der Raub der Formenwelt
kleidet das Gemüte,
wenn die äußere zerfällt,
treibt das Innere Blüte.

Die Gedanken, die der Mai
locket in die Weite,
flattern heimwärts kältescheu
zu der Feuerseite.

Sammlung, jene Götterbraut,
Mutter alles Großen,
steigt herab auf deinen Laut,
segenübergossen.

Und der Busen fühlt ihr Wehn,
hebt sich ihr entgegen,
lässt in Keim und Knospen seh'n,
was sonst wüst gelegen.

Wer denn heißt dich Würger nur?
Du flichtst Lebenskränze,
und die Winter der Natur
sind der Geister Lenze!

Crème caramel

Zutaten:
200 g Zucker
etwas Öl für die Förmchen
½ Vanilleschote
½ l Milch
3 Eier
2 Eigelb
Minzeblätter zum Garnieren

Zubereitungszeit: 25 Min.
Garzeit: 20 Min.
Kühlzeit: 12 Std.

Nährwerte pro Portion:
431/1807 kcal/kJ
11 g EW, 17 g F, 56 g KH

Und so geht's:

1. Die Hälfte des Zuckers in einem kleinen Topf schmelzen und rühren, bis er sich ganz aufgelöst hat. 20 ml Wasser zugießen und erstarrten Zucker erneut schmelzen. Karamell in einer dünnen Schicht in die mit ein wenig Öl ausgepinselten Förmchen gießen.

2. Vanilleschote mit Milch aufkochen. Eigelb und ganze Eier mit restlichem Zucker verrühren, Milch nach und nach zugießen.

3. Creme kräftig schlagen, durch ein feines Sieb gießen und in die Förmchen füllen. Anschließend Creme in einem Wasserbad 20 Minuten bei 170 Grad Celsius im Ofen garen. Das Wasserbad darf keinesfalls kochen.

4. Creme im Kühlschrank über Nacht ca. 12 Stunden auskühlen lassen und kurz vor dem Servieren auf Teller stürzen. Mit Minzeblättern garnieren.

Tipp
Bei der Zubereitung des Karamells darf der Zucker auf keinen Fall anbrennen, da das gesamte Dessert sonst verbrannt schmeckt.

A B C, die Katze lief im Schnee

1. A B C, die Kat-ze lief im Schnee. Und als sie wie-der raus-kam, da hat sie wei-ße Stie-fel an, o-je-mi-ne, o-je-mi-ne, die Kat-ze lief im Schnee.

2. A B C, die Katze lief zur Höh.
Sie leckt ihr kaltes Pfötchen rein,
und putzt sich auch die Stiefelein,
und ging nicht mehr,
ging nicht mehr in den Schnee.

Worte und Weise: Volkslied aus Thüringen und Hessen

Meisenglocke

Material:

gerader Zweig
Tonblumentopf (10 cm
Durchmesser)
Knetmasse
feste Schnur
125 g Kokosfett

alter Kochtopf
je 75 g Haferflocken, gehackte
Nüsse, Weizenkleie, Sonnen-
blumenkerne und Rosinen
1 Esslöffel Pflanzenöl
hohes Glas

Schwierigkeitsgrad:
mittel

Und so geht's:

1. Stecke zuerst einen Zweig durch das Loch
des Blumentopfes. Das untere Zweigende
sollte etwa 10 cm aus dem Topf herausragen.
Daran können sich die Vögel festhalten.

2. Dichte das Ganze mit Knetmasse ab,
damit später kein Fett ausläuft. Binde an
das obere Ende des Zweigs eine Schnur
zum Aufhängen und knote sie fest.

3. Lass dir nun von einem Erwachsenen helfen: Gib das Fett in einen Topf und zerlasse
es auf dem Herd bei niedriger Temperatur.
Gib das Körner-Flocken-Gemisch und das
Pflanzenöl hinzu.

4. Stelle den Blumentopf in ein hohes Glas.
Nimm den Topf vom Herd. Fülle die noch
zähflüssige Mischung in den Blumentopf.
Warte, bis das Fett vollständig ausgehärtet
ist.

5. Jetzt kannst du deine Meisenglocke draußen aufhängen.

Tipp

Du kannst die Außenseite des
Blumentopfs mit Acrylfarben
bemalen.

Juche, der erste Schnee

1. Juch - he, juch - he, juch - he, der ers - te Schnee! In gro - ßen wei - ßen Flo - cken, so kam er ü - ber Nacht, und will uns al - le lo - cken hi - naus in Win - ter - pracht.

2. Juche, juche, erstarrt sind Bach und See.
Herbei von allen Seiten aufs glitzer-
blanke Eis,
dahin, dahin zu gleiten nach alter
froher Weis.

3. Juche, juche, jetzt locken Eis und
Schnee.
Der Winter kam gezogen mit
Freuden mannigfalt,
spannt seinen weißen Bogen weit
über Feld und Wald.

Worte und Weise: Volkslied

Winterlicher Salat mit Forellenfilet

Zutaten:

1 Staude Chicorée
1 kleiner Radicchio
75 g Feldsalat
1 Kiwi
1 Orange

1 Sternfrucht
125 g geräuchertes Forellenfilet
2 EL Sesam
150 g fettarme Mayonnaise

Zubereitungszeit:
20 Min.

Nährwerte pro Portion:
402/1664 kcal/KJ
13 g EW, 4 g F, 9 KH

Und so geht's:

1. Chicorée und Radicchio halbieren, Chicorée vom Strunk befreien und in mundgerechte Stücke schneiden. Zusammen mit dem Radicchio und Feldsalat putzen, waschen und trocken schleudern.

2. Kiwi schälen. Orange halbieren, eine Hälfte auspressen, die andere Hälfte schälen und filetieren. Sternfrucht waschen und mit der Kiwi in Scheiben schneiden. Forellenfilets in mundgerechte Stücke schneiden.

3. Sesam in einer beschichteten Pfanne ohne Fett rösten und kurz abkühlen lassen. Anschließend Mayonnaise mit 3 EL Orangensaft und geröstetem Sesam vermischen.

4. Salatblätter, Kiwi- und Sternfruchtscheiben auf Tellern verteilen. Orangenstücke und Forellenfilets darübergeben und mit Dressing beträufeln. Sofort frisch servieren.

Schneeflöckchen, Weißröckchen

1. Schnee - flöck - chen, Weiß - röck - chen, wann kommst du ge - schneit? Du wohnst in den Wol - ken, dein Weg ist so weit!

2. Komm, setz dich ans Fenster,
du lieblicher Stern,
malst Blumen und Blätter,
wir haben dich gern.

3. Schneeflöckchen, du deckst uns
die Blümelein zu,
dann schlafen sie sicher
in himmlischer Ruh'.

4. Schneeflöckchen, Weißröckchen,
komm zu uns ins Tal,
dann bau'n wir den Schneemann
und werfen den Ball.

Worte: Hedwig Haberkern
Weise: Volkslied

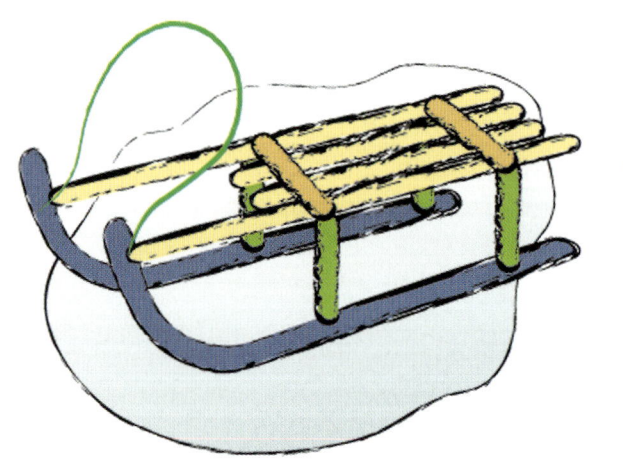

Gebackener Camembert mit Cranberrys

Zutaten:

Für das Relish:
100 g getrocknete Cranberrys
100 ml Cranberrysaft
1 walnussgroßes Stück Ingwer
100 ml roter Grapefruitsaft
30 g Zucker

Für den Käse:
20 g getrocknete Cranberrys
4 Stängel glatte Petersilie
2 Zweige Thymian
250 g Camembert
4 EL Paniermehl
1 Ei

Zubereitungszeit:
20 Min.
Backzeit:
4 Min.
Ziehzeit:
1 Std.

Nährwerte pro Person:
11/1724 kcal/kJ
15 g EW, 14 g F, 48 g KH

Und so geht's:

1. Für das Relish Cranberrys mit Cranberry-saft in einem Topf aufkochen. Ohne Deckel köcheln lassen, bis die Flüssigkeit verdampft ist. Topf vom Herd nehmen und Beeren aus-kühlen lassen.

2. Ingwer schälen und fein reiben. Zusam-men mit Beeren, Grapefruitsaft und Zucker in den Mixer geben und grob zerkleinern. Vor dem Servieren mindestens 1 Stunde durchziehen lassen.

3. Für den Camembert getrocknete Cran-berrys fein hacken. Die Petersilie abbrausen, trocken schütteln und Blätter fein hacken. Thymian waschen, trocken schütteln und ebenfalls fein hacken.

4. Camembert in 8 Stücke teilen. Paniermehl mit Cranberrys, Petersilie und Thymian ver-

mengen. Ei verquirlen. Käse zuerst im Ei, dann in der Paniermehl-Kräuter-Mischung wenden. Vorgang wiederholen.

5. Backofen auf 175 Grad Celsius vorheizen. Käsestücke auf ein mit Backpapier ausgeleg-tes Blech setzen und im Ofen ca. 4 Minuten backen, bis sie eine goldbraune Farbe haben.

6. Gebackenen Camembert heiß mit dem Relish servieren.

Knetschneemann

Material:

Knetmasse in Weiß, Orange, Rot und Schwarz
Zahnstocher
2 kleine schwarze Perlen
Tannennadeln

3 kleine grüne Perlen
Klarlack
Pinsel
Stoffrest

Schwierigkeitsgrad:
mittel

Und so geht's:

1. Forme aus der weißen Knetmasse eine große und eine kleinere Kugel.

2. Stecke ein Ende eines Zahnstochers in die große, das andere Ende in die kleinere Kugel. Die Kugeln müssen direkt aufeinanderliegen. Die kleinere Kugel dient als Kopf, die größere als Körper.

3. Forme aus der orangefarbenen Knetmasse eine kleine Möhre für die Nase. Aus der roten Knetmasse formst du eine dünne Wurst für den Mund. Drücke zwei schwarze Perlen als Augen in das Gesicht des Schneemanns.

4. Brich ein Stück von einem Zahnstocher ab. Befestige damit die Möhre am Kopf wie zuvor die Kugeln aneinander. Drücke den Mund vorsichtig darunter fest.

5. Forme aus der schwarzen Knetmasse einen Hut: Rolle eine schwarze Scheibe und eine kleine Kugel und drücke sie platt. Forme zunächst eine kurze dicke Rolle.

6. Befestige diese mithilfe eines Modellierstabs auf der schwarzen Scheibe, indem du die Knetmasse etwas andrückst.

7. Befestige den Hut mit einem Stück Zahnstocher oben auf dem Kopf. Stecke zur Zierde noch einige Tannennadeln in den Hutrand.

8. Nun drückst du noch drei grüne Perlen untereinander vorn auf den Körper. Lackiere den Schneemann anschließend, damit er besser hält. Ist der Lack trocken, bindest du ihm einen Stoffstreifen als Schal um den Hals.

Ausfahrt

Gustav Falke

Schlitten vorm Haus,
steig ein, kleine Maus,
zwei Kätzchen davor,
so geht's durchs Tor,
zwei Kätzchen dahinter,
so geht's durch den Winter.

Hinein ins Feld,
wie weiß ist die Welt,
auf einmal, o weh,
kleine Maus liegt im Schnee,
kleine Maus liegt im Graben,
wer will sie haben?

Schlitten vorm Haus,
wo blieb kleine Maus?
Die Kätzchen, miau,
die wissen's genau:
„Hat nicht still gesessen,
da haben wir's gefressen."

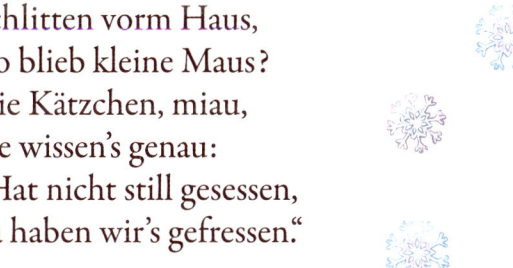

Schneestern

Zutaten:
3 Biskuitböden, dunkel
(Fertigprodukt)
150 g Mascarpone
5 EL Puderzucker
6 EL Kokosmilch
1 EL Zitronensaft
½ TL abgeriebene Zitronenschale (unbehandelt)
4 Blatt weiße Gelatine
500 g Sahne
150 g Kokosraspel
160 g Nutella
1 EL Sahnesteif

Zubereitungszeit:
50 Min.
Kühlzeit:
2 Std.

Nährwerte pro Stück:
407/1693 kcal/kJ
6 g EW, 30 g F, 29 g KH

Und so geht's:

1. Biskuitböden sternförmig einschneiden. Mascarpone, 4 EL Puderzucker, Kokosmilch, Zitronensaft und -schale verrühren. Die Gelatine auflösen, unter die Creme rühren und kalt stellen, bis sie geliert. 250 g Sahne steif schlagen und mit 100 g Kokosraspeln unterziehen.

2. Biskuitboden auf eine Tortenplatte setzen. 60 g Nutella erwärmen, die Hälfte auf dem Boden verteilen, die Hälfte der Mascarponecreme aufstreichen. Zweiten Boden aufsetzen, restliches Nutella und übrige Mascarponecreme darauf verteilen, mit Boden abdecken und Torte ca. 2 Stunden kalt stellen.

3. Restliche Sahne und Puderzucker mit Sahnesteif steif schlagen und Torte rundherum damit bestreichen. Kokosraspel in einer Pfanne rösten und Tortenränder damit bestreuen. 100 g Nutella erwärmen und Schneestern damit verzieren.

4. Ergibt ca. 12 Stücke.

Die Sterntaler

Brüder Grimm

Es war einmal ein kleines Mädchen, dem waren Vater und Mutter gestorben, und es war so arm, dass es kein Kämmerchen mehr hatte, darin zu wohnen, und kein Bettchen mehr hatte, darin zu schlafen, und endlich gar nichts mehr als die Kleider auf dem Leib und ein Stückchen Brot in der Hand, das ihm ein mitleidiges Herz geschenkt hatte. Es war aber gut und fromm. Und weil es so von aller Welt verlassen war, ging es im Vertrauen auf den lieben Gott hinaus ins Feld. Da begegnete ihm ein armer Mann, der sprach: „Ach, gib mir etwas zu essen, ich bin so hungrig." Es reichte ihm das ganze Stückchen Brot und sagte: „Gott segne dir's" und ging weiter. Da kam ein Kind, das jammerte und sprach: „Es friert mich so an meinem Kopfe, schenk mir etwas, womit ich ihn bedecken kann." Da tat es seine Mütze ab und gab sie ihm. Und als es noch eine Weile gegangen war, kam wieder ein Kind und hatte kein Leibchen an und fror: Da gab es ihm seins; und noch weiter, da bat eins um ein Röcklein, das gab es auch von sich hin. Endlich gelangte es in einen Wald, und es war schon dunkel geworden, da kam noch eins und bat um ein Hemdlein, und das fromme Mädchen dachte: „Es ist dunkle Nacht, da sieht dich niemand, du kannst wohl dein Hemd weggeben", und zog das Hemd ab und gab es auch noch hin. Und wie es so stand und gar nichts mehr hatte, fielen auf einmal die Sterne vom Himmel, und waren lauter blanke Taler; und ob es gleich sein Hemdlein weggegeben, so hatte es ein neues an, und das war vom allerfeinsten Linnen. Da sammelte es sich die Taler hinein und war reich für sein Lebtag.

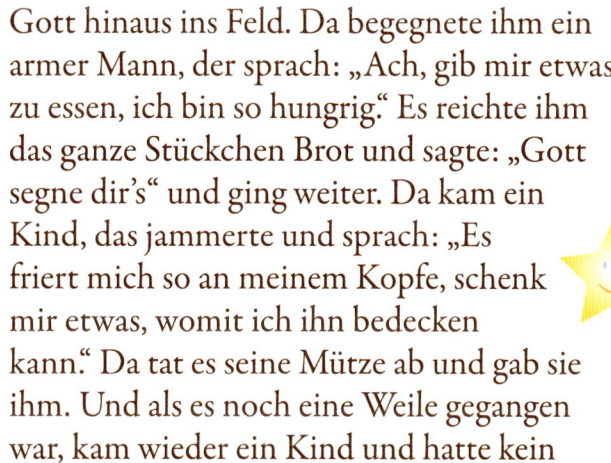

Reispudding mit Mandeln und Zimt

Zutaten:
700 g Basmatireis
700 ml Mandelmilch
½ TL Zimtpulver
200 g Mandelblättchen
4 TL Honig

Zubereitungszeit:
30 Min.
Kochzeit:
5 Min.

Nährwerte pro Portion:
424/1781 kcal/kJ
15 g EW, 20 g F, 49 g KH

Und so geht's:

1. Reis in der doppelten Menge kochendem Wasser nach Packungsanweisung bissfest garen. Anschließend abgießen und gut abtropfen lassen.

2. Reis, Mandelmilch und ¼ TL Zimtpulver in einem kleinen Topf gründlich vermischen. Die Zutaten bei mittlerer Hitze unter Rühren allmählich zum Kochen bringen. Anschließend bei schwacher Hitze 4 bis 5 Minuten köcheln lassen, bis die Milch langsam dickflüssiger wird und der Basmatireis cremig wird.

3. Mandelblättchen in einer Pfanne ohne Fett rösten, dabei immer wieder umrühren. Anschließend Pfanne vom Herd nehmen und kurz abkühlen lassen.

4. Reis in einer Schale servieren, mit Mandeln bestreuen und Honig darauf verteilen. Mit etwas Zimtpulver bestreuen.

Tipp

Mandelmilch ist in vielen Reformhäusern und Bioläden bzw. teilweise auch im Supermarkt bei den Bioprodukten erhältlich; oftmals steht sie direkt bei der Sojamilch.

Frau Holle

Volksgut

Frau Holle, die schüttelt ihre Betten aus,
fällt blitzeweißer Schnee heraus,
so viele Flöckchen ohne Zahl,
so viele Flöckchen auf einmal.

Frau Holle, die guckt zu ihrem Haus hinaus.
Wie sieht die Welt so prächtig aus!
Da kommt ein armes Mägdelein,
das ruft sie zu sich herein.

Frau Holle, die schüttelt mit dem Mägdelein.
viel blitzeweiße Flöckchen fein.
Da freuen sich die Kinder sehr,
die beiden schütteln immer mehr.

Winternacht

Material:
Bleistift
mittelblauer Tonkarton
schwarzer Filzstift
Schere
Tonpapier in Weiß, Gelb und Orange
Klebestift
Wattepads
selbst klebende Folie in Gold und Silber
Alleskleber
Silberglitzer

Schwierigkeitsgrad:
mittel

Und so geht's:

1. Zeichne mit einem Bleistift Häuser und Tannenbäume auf den mittelblauen Tonkarton. Wenn du zufrieden bist, ziehst du die Linien mit einem schwarzen Filzstift nach.

2. Schneide aus weißem Tonpapier Stücke aus, die genauso groß sind wie die Dächer der Häuser. Klebe sie auf die entsprechenden Dächer. So sieht es aus, als seien sie mit Schnee bedeckt.

3. Schneide aus gelbem und orangefarbenem Tonpapier kleine Rechtecke oder Quadrate aus. Klebe sie als Fenster auf die Zeichnung.

4. Im Anschluss schneidest du längliche Streifen aus den Wattepads. Klebe sie auf die Äste der Tannenbäume, damit diese verschneit aussehen. Beklebe auch den Boden mit solchen Wattestreifen.

5. Schneide aus Gold- und Silberfolie einen Vollmond und verschieden große Sterne aus. Klebe den Mond am Himmel auf und verteile die Sterne um ihn herum.

6. Tupfe auf die Dächer, auf den Boden und auf die verschneiten Stellen der Bäume Alleskleber auf. Streue auf diese Stellen reichlich Glitter. Was nicht kleben bleibt, schüttelst du ab.

7. Wenn der Klebstoff getrocknet ist, kannst du dein Bild einrahmen und aufhängen.

Schneemann, bist ein armer Wicht

1. Schnee - mann, bist ein ar - mer Wicht hast 'nen Stock und wehrst dich nicht. Hol - la, Schnee - mann, sieh dich vor! Fliegt ein Ball dir an das Ohr, fliegt ein Ball dir ins Ge - sicht, Schnee - mann, bist ein ar - mer Wicht.

2. Wenn die liebe Sonne scheint,
steht der Schneemann da und weint,
und in Stücke geht sein Rock,
aus den Händen fällt sein Stock,
auf den Boden rollt sein Kopf:
Schneemann, bist ein armer Tropf!

Worte und Weise: Volkslied

Gemüse-Maronen-Terrine

Zutaten:
250 g Maronen, Salz
100 g Brokkoliröschen
1 Möhre
1 gelbe Paprikaschote
1 Bd. Schnittlauch
150 g Quark, 2 Eier
100 g Käse, gerieben
1 TL Rosmarin, gehackt
1 TL Thymianblättchen
Pfeffer
Muskatnuss, frisch gerieben
Butter für die Terrine
60 g Paniermehl

Für das Dressing:
1 EL Rosmarin, gehackt
2 EL Zitronensaft
4 EL Olivenöl
Zucker, Salz, Pfeffer

Zubereitungszeit: 40 Min.
Garzeit: 60 Min.

Nährwerte pro Portion:
343/1437 kcal/kJ
13 g EW, 16 g F, 34 g KH

Und so geht's:

1. Maronen oben einritzen und in einen Topf mit kaltem Wasser und 1 TL Salz geben. Erhitzen und in ca. 4 Minuten weich kochen. Dann abschrecken, schälen und mit einer Gabel zerdrücken. Brokkoliröschen in Salzwasser 1 bis 2 Minuten bissfest blanchieren, abschrecken und abtropfen lassen.

2. Möhre schälen und klein würfeln. Paprikaschote waschen, halbieren, putzen und ebenfalls fein würfeln. Zusammen mit der Möhre kurz blanchieren, dann abschrecken und abtropfen lassen. Schnittlauch abbrausen, trocken schütteln und in Röllchen schneiden.

3. Backofen auf 180 Grad Celsius vorheizen. Quark mit Eiern glatt rühren. Maronen, Käse und Kräuter untermengen, dann Gemüse vorsichtig unterheben. Das Ganze mit Salz, Pfeffer und Muskat würzen.

4. Eine Terrinenform ausbuttern und mit Paniermehl bestreuen. Masse einfüllen, glatt streichen und in einen Bräter stellen. Heißes Wasser bis ca. 3 cm unter den Rand der Form füllen und im Ofen ca. 60 Minuten backen.

5. Rosmarin mit Zitronensaft und Öl vermengen und mit Zucker, Salz und Pfeffer abschmecken. Terrine warm oder kalt mit dem Rosmarindressing beträufelt servieren.

Fröhliche Weihnacht

Kling, Glöckchen, klingeling

1. Kling, Glöck-chen, klin-ge-lin-ge-ling, kling, Glöck-chen, kling!

Lasst mich ein, ihr Kin - der, ist so kalt der Win - ter,

öff - net mir die Tü - ren, lasst mich nicht er - frie - ren!

Ref.: Kling, Glöck-chen, klin-ge-lin-ge-ling, kling, Glöck-chen, kling!

2. Kling, Glöckchen, klingelingeling,
kling, Glöckchen, kling!
Mädchen, hört, und Bübchen, macht
mir auf die Stübchen,
bring euch viele Gaben, sollt euch dran
erlaben.

3. Kling, Glöckchen, klingelingeling,
kling, Glöckchen, kling!
Hell erglühn die Kerzen,
öffnet mir die Herzen,
will drin wohnen fröhlich,
frommes Kind, wie selig.

Worte: Karl Enslin
Weise: Benedikt Widmann

Vom Christkind

Anna Ritter

Denkt euch, ich habe das Christkind
gesehen!
Es kam aus dem Walde, das Mützchen voll
Schnee,
mit rot gefrorenem Näschen.

Die kleinen Hände taten ihm weh,
  denn es trug einen Sack, der war
    gar schwer,
    schleppte und polterte hinter
      ihm her.

      Was drin war, möchtet ihr
        wissen?
      Ihre Naseweise, ihr Schelmen-
  pack –
  denkt ihr, er wäre offen, der Sack?

  Zugebunden bis oben hin!
  Doch war gewiss etwas Schönes
  drin,
  es roch so nach Äpfeln und
  Nüssen.

Ihr Kinderlein kommet

1. Ihr Kin - der - lein kom - met, o kom - met doch all!
Zur Krip - pe her kom - met in Beth - le - hems Stall.

Und seht, was in die - ser hoch - hei - li - gen Nacht der

Va - ter im Him - mel für Freu - de uns macht.

2. O seht in der Krippe im nächtlichen Stall,
seht hier bei des Lichtleins hell glänzendem
Strahl
in redlichen Windeln das himmlische Kind,
viel schöner und holder als Engel es sind.

3. Da liegt es, das Kindlein, auf Heu
und auf Stroh;
Maria und Joseph betrachten es froh.
Die redlichen Hirten knien betend
davor,
hoch oben schwebt jubelnd der
Engelein Chor.

Worte: Christoph von Schmid
Weise: Johann Abraham Peter Schulz

Tannenbaum

Material:
große Ausstechform für
Tannenbäume (etwa 15 cm
Höhe)
grüne Wellpappe
Bleistift
Schere
Lineal
Alleskleber
Glitzer
kleine Sternaufkleber

Schwierigkeitsgrad:
leicht

Und so geht's:

1. Lege die große Ausstechform auf die
Rückseite der Wellpappe und zeichne
die Konturen nach. Schneide den
Baum aus.

2. Fertige noch einen Zweiten nach
demselben Prinzip an.

3. Ziehe bei einem der beiden Bäume von
der Spitze aus senkrecht bis zur Mitte eine
Linie. Schneide den Baum entlang dieser
Linie ein.

4. Bei dem anderen Baum ziehst du die Linie
von unten bis zur Mitte. Die Schnitte müssen
so breit sein, dass sich die Bäume ineinander
stecken lassen.

5. Gib etwas Alleskleber auf die Schnittkan-
ten. Stecke die Bäume zusammen und lass sie
trocknen.

6. Klebe dann einige Sternchen auf die Bäume. Gib etwas Alleskleber auf einige Stellen
und streue den Glitzer darauf. Warte einen
Moment und schüttele den überschüssigen
Glitzer ab.

7. Dein Bäumchen wird blitzen, wenn Licht
darauf fällt.

Das Weihnachtslied

Christoph von Schmid

An dem heiligen Abende vor dem Weihnachtsfeste wanderte der arme Anton, ein holder Knabe von acht Jahren, noch durch die schneebedeckte Gegend hin. Der arme Kleine hatte seine blonden Locken, die von der Kälte angeduftet waren, noch mit dem leichten, schwarzen Strohhute vom letzten Sommer her bedeckt, und seine beiden Wangen glühten hochrot von Frost. Er war nach Soldatenart gekleidet und hatte eine niedliche scharlachrote Husarenjacke an. In der Rechten führte er einen dicken Stecken von Schlehdorn, und auf dem Rücken trug er ein kleines Reisebündelein, in dem sich all sein Hab und Gut befand. Er war aber fröhlich und guter Dinge und hatte an der schönen, weißen Winterlandschaft umher und an den bereiften Hecken und Gesträuchen am Wege seine herzliche Freude. Indes ging die Sonne glutrot unter. Die angedufteten Halme und Zweige umher flimmerten wie mit rötlichen Fünklein bestreut, und die Gipfel des nahen Tannenwaldes strahlten im Abendgolde.

Anton dachte, das nächste Dorf, das jenseits des Waldes lag, noch leicht zu erreichen, und ging mutig in den dicken finstern Wald hinein. Er hoffte, in dem Dorfe gute Weihnachtsfeiertage zu bekommen; denn er hatte gehört, die Bauern dort seien sehr wohlhabende und gutherzige Leute. Allein er war noch keine Viertelstunde gegangen, so kam er vom rechten Wege ab und verirrte sich in die wildeste Gegend des rauen, bergichten Waldes. Er musste fast beständig durch tiefen Schnee waten, und einige Mal versank er beinahe in Gruben und Schluchten, die unter dem Schnee versteckt waren.

Die Nacht brach ein, und es erhob sich ein kalter Wind. Wolken überzogen den Himmel und verdunkelten jedes Sternlein, das durch die schwarzen Tannenäste funkelte. Es ward sehr finster und fing aufs Neue an zu schneien. Der arme Knabe fand keine Spur mehr von einem Wege, und wusste nicht mehr wo an und wo aus. Müde vom langen Umherirren, vermochte er nicht mehr weiterzugehen. Er blieb stehen, zitterte vor Frost und fing an, schmerzlich zu weinen. Er legte sein Wanderbündelein in den Schnee, kniete daneben nieder, nahm seinen Hut ab, erhob seine starren Hände zum Himmel und betete unter heißen Tränen: „Ach du lieber Vater im Himmel! Ach lass mich doch nicht in diesem wilden Walde, in Nacht und Frost umkommen. Sieh, ich bin ja ein armes Wais-

lein und habe keinen Vater und keine Mutter mehr! Ich habe niemand mehr als dich. Aber du bist ja der Vater aller armen Waisen. O lass mich nicht erfrieren: Erbarme dich eines armen Kindes. Es ist ja heute die Nacht, in der dein lieber Sohn zur Welt geboren wurde. Um seinetwillen höre mich! Ach lass nicht eben in der Nacht, da sich alle Welt über die Geburt des göttlichen Kindes freut, mich armen Knaben hier einsam im Walde sterben." Er legte sein müdes Haupt auf sein kleines Bündelein und schluchzte und weinte bitterlich.

Aber horch! – Da erklang es mit einem Male seitwärts von der Höhe herab lieblich wie Harfentöne, und ein wunderschöner Gesang erhob sich und hallte von den Felsen nieder. Dem Knaben war es nicht anders, als hörte er die heiligen Engel Gottes singen. Er stand auf, horchte und faltete die Hände. Der Wind hatte sich gelegt, und kein Lüftchen regte sich. Unaussprechlich lieblich erklang der Gesang in der tiefen nächtlichen Stille des Waldes. Jetzt vernahm er deutlich die Worte:

O sei getrost in jeder Not,
denn sieh, den liebsten Sohn hat Gott
zum Heiland dir gegeben!
Auf ihn vertrau, und fasse Mut,
was schlimm ist, macht er wieder gut;
er liebt dich wie sein Leben.

Jetzt war es wieder stille; nur klangen noch wie ein leiser Widerhall einige sanfte Harfentöne nach. Dem guten Anton wurde es wunderbar um das Herz.

„Ach", sagte er, „ so muss es den Hirten zu Bethlehem gewesen sein, als sie in jener heiligen Nacht den himmlischen Gesang vernahmen. Ich will wieder frischen Mut fassen und fröhlich sein. Sicher wohnen gute Menschen in der Nähe, die sich meiner annehmen; denn ich hoffe, dass sie nicht nur so schön singen wie Engel, sondern auch so gut und freundlich gesinnt seien wie die Engel!"

Er nahm sein Bündelein und ging die Anhöhe hinauf – der Gegend zu, woher er den lieblichen Gesang vernommen hatte. Kaum war er einige Schritte durch das Gebüsch gegangen, so glänzte ihm ein heller Lichtstrahl entgegen, der sogleich wieder verschwand, über eine Weile aber wieder erschien, dann wieder auf einige Augenblicke verschwand, dann wieder heller glänzte und so wechselweise.

Anton ging freudig vorwärts und kam an ein Haus, das einsam im Walde stand. Er klopfte zwei-, dreimal an der Haustür; er hörte wohl mehrere fröhliche Stimmen in dem Hause, aber niemand antwortete ihm. Er versuchte nun die Tür zu öffnen; sie war nur mit der Klinke geschlossen. Er ging hinein, tappte lange in dem dunklen Hausgange umher und suchte die Stubentüre. Endlich fand er sie, machte sie auf – und blieb höchst erstaunt stehen. Ein heller Glanz von mehreren Lichtern strahlte ihm entgegen. Es war ihm nicht anders, als blicke er in das Paradies, ja in den offenen Himmel.

In der Ecke der Stube, zwischen den zwei Fenstern, war eine überaus schöne Frühlingslandschaft ganz nach der Natur im Kleinen abgebildet – eine gebirgige Gegend mit hohen bemoosten Felsen, grünenden Tannenwäldern, ländlichen Hütten, weidenden Schafen nebst ihren Hirten und einer kleinen Stadt oben auf dem Berge. In Mitte der Landschaft war aber eine Felsenhöhle – da sah man das Kind Jesus – die heilige Mutter – den ehrwürdigen Joseph – die anbetenden Hirten, und oben schwebten die jubelnden Engel. Die ganze Landschaft flimmerte von

einem wundersamen Glanze; sie war mit unzähligen, winzig kleinen Sternlein besät, so wie etwa Laub und Moos an Bäumen und Felsen schimmern, wenn sie an einem Frühlingsmorgen von reichlichem Taue tröpfeln.

Die Einwohner des Hauses waren um die schöne Vorstellung des Kindes Jesus in der Krippe versammelt. An einer Seite saß der Vater und hatte eine Harfe zwischen den Knien stehen; an der anderen Seite saß die Mutter mit dem kleinsten Kinde auf dem Schoße. Zwei liebliche Kinder, ein Knabe und ein Mädchen, standen zwischen den beiden Eltern, blickten andächtig zur Krippe des Heilandes hinauf und erhoben die Hände gleich den frommen Hirten, die vor der Krippe knieten. Jetzt griff der Vater wieder in die Harfe, und die Mutter sang mit ihrer lieblichen Engelsstimme noch einmal das Lied, von dem Anton jene Worte gehört hatte. Die zwei Kinder sangen mit ihren zarten, hellen Stimmchen freudig mit, und der Vater begleitete den Gesang mit einer angenehmen Bassstimme und dem lieblichen Harfenspiel. Sie sangen:

Vor dir, du holdes Himmelskind,
dem Gottes Engel dienstbar sind,
fall' ich anbetend nieder –
und freue mit Maria mich
und preise mit den Engeln dich
und singe Jubellieder!

Du, du bist aller Menschen Heil,
dich lieben ist der beste Teil,
du Liebe ohnegleichen!
Zwar spricht noch deine Lippe nicht,
doch sagt dein mildes Angesicht
dem Armen wie dem Reichen:

„O sei getrost in jeder Not,
denn sieh, den liebsten Sohn hat Gott
zum Heiland dir gegeben!
Auf ihn vertrau, und fasse Mut,
was schlimm ist, macht er wieder gut;
er liebt dich wie sein Leben."

„Und kommt ein armes Kind in Not
vor deine Tür, sag nicht: Helf Gott!
Wollst seiner dich erbarmen!
Fühlst du für Gottes Liebe Dank,
lass liebreich es bei Speis und Trank
an deinem Herd erwarmen."

Anton stand noch immer unter der geöffneten Türe und hielt die Türklinke in der Hand und Hut und Stecken in der andern. Seine Augen waren beständig auf die schöne Vorstellung der Krippe gerichtet, und mit offenem Munde horchte er auf den Gesang und das Harfenspiel. Niemand bemerkte ihn. Jetzt fühlte aber die Mutter die Kälte, die durch die offene Stube drang, und blickte nach der Türe.

„Lieber Gott", rief sie, „wie kommt das Kind in der finster'n Nacht durch den dicken Wald hierher? Armer, armer Knabe – du hast dich gewiss verirrt!"

„Ach ja", sagte Anton, „ich habe mich im Walde verirrt!"

Alle sahen jetzt nach der Tür. Die zwei Kinder hatten ein herziges Mitleid mit dem verirrten Knaben, blieben aber etwas scheu stehen, weil er ihnen fremd war.

Die Mutter ging mit ihrem Kinde auf dem Arm zu ihm hin und fragte ihn freundlich: „Wo bist du denn her, lieber Kleiner, wie heißt du, und wer sind deine Eltern?"

„O du lieber Gott", sagte Anton mit Tränen in den blauen Augen, „ich habe gar keine Heimat mehr. Ich heiße Anton Kroner. Mein Vater ist im Kriege umgekommen, und meine Mutter ist den letzten Herbst in Jammer und Elend gestorben. Ich bin hier im Lande ganz fremd und irre in der Welt umher wie ein verlorenes Lämmlein."

Er fing an zu erzählen, wie er eben jetzt im Walde in so großer Not gewesen, wie er aber da ihren Gesang gehört und so den Weg zu ihrem Hause gefunden habe. Er wollte weiterreden; allein die Stimme versagte ihm: Es fror ihn noch allzu sehr. In der warmen Stube fühlte er die Wirkungen der Kälte erst recht. Er zitterte vor Frost und klapperte mit den Zähnen.

„Ach du armer Anton", sagte die Mutter, „du kannst ja vor Frost kaum mehr reden, und

müde und hungrig musst du auch sein. Leg dein Bündelein ab, und sitze nieder; ich will dir eine warme Suppe geben und was sonst noch von dem Nachtessen übrig ist."

Die zwei Kinder, Christian und Katharina, nahmen ihm nun voll Mitleid Hut und Stock und das Bündelein ab. Katharina legte das Bündelein auf die Bank; Christian legte den Hut oben darauf und lehnte den Stecken in eine Ecke. Hierauf führten sie ihren kleinen Gast an den Tisch. Die Mutter brachte Suppe und ein großes Stück Festkuchen nebst gekochten Pflaumen. Sie setzte sich an die andere Seite des Tisches und lächelte freundlich, dass Anton es sich so gut schmecken ließ. Die Kinder aber teilten ihm reichlich von ihren Weihnachtsgeschenken mit – schöne rotwangige Äpfel, goldgelbe Birnen

und große braune Nüsse. Sogar das kleine Lieschen auf dem Schoße der Mutter schenkte ihm, auf Zureden der Mutter, das schöne purpurrote Äpfelein, das sie in den kleinen Händchen hielt und mit den zarten Fingerlein kaum umspannen konnte.

Die warme Suppe bekam dem erstarrten Anton sehr gut, und die liebliche Stubenwärme tat ihm nunmehr sehr wohl. Er ward wieder munter und fröhlich.
„Aber was ihr da in der Ecke eurer Stube Schönes habt!", fing er jetzt an.
Er hatte schon unter dem Essen beständig nach der Krippe hinübergeblickt.
„Das ist ja ein Frühling mitten im Winter!", sagte er. „So etwas Wunderschönes hab' ich in meinem Leben noch nicht gesehen. Ich muss es doch näher betrachten."
Er sprang hin, und die zwei Kinder folgten ihm.

„Weißt du aber auch, was das alles vorstellt?", fragte Katharina.
„Freilich weiß ich das", sagte Anton, „es stellt die Geburt Jesu vor. Was das für ein schönes liebliches Kindlein ist! Sein Angesicht ist so schön weiß und rot, wie Lilien und Rosen. Und was es für glänzende Äuglein hat, und wie freundlich es lächelt!" – „Das ist aber nicht das rechte Jesuskindlein!", sagte Katharina. „Jesus ist jetzt kein Kind mehr; er ist schon lange in den Himmel aufgefahren."

„Das weiß ich wohl", sagte Anton. „Meinst du denn, ich sei ein Heide? Es ist schon bald zweitausend Jahre, dass Jesus als Kind in der Krippe lag. Das alles hier ist nur so gemacht, damit wir Kinder uns alles besser vorstellen können. Das da oben ist, glaube ich, die Stadt Bethlehem? Nicht so?"

Katharina nickte.

„Siehst du nun", sagte Anton, „dass ich alles weiß! Ich bin nicht so dumm, als du meinst." Die Kinder lachten und machten nun Anton noch auf allerlei Kleinigkeiten aufmerksam, die ihm aber höchst wichtig vorkamen.

„Siehst du auch, Anton", sprach Christian, „wie da aus dem Felsen eine kleine Quelle, so klein wie ein Silberfädchen, hervorspringt und sich in den hellen See ergießt? Sieh, zwei weiße Schwäne mit schön gebogenen Hälsen schwimmen auf dem See und spiegeln sich in dem ruhigen, silberklaren Wasser."

„Dort", sagte Katharina, „kommt ein Hirtenmädchen den steilen Weg am Berg herab und trägt ein zugedecktes Körblein auf dem Kopf. Darin werden wohl Äpfel oder Eier sein, die sie zur Krippe trägt."

„Und sieh", sagte Christian, „dort schiebt einer auf seinem Schiebkarren einen Sack die hohe Bergschlucht hinauf. Was aber in dem Sacke ist, weiß ich nicht zu sagen."

So unterhielten sich die Kinder höchst angenehm, und kein kleines, streifiges Schnecklein, das an dem Felsen klebte, und kein buntes Müschelein am Ufer des Sees blieb unbemerkt.

„Nun wohl", sagte Anton, „das ist alles sehr schön. Allein das Schönste ist doch die Abbildung des himmlischen Kindes! Das freut mich am meisten. Denn um jenes Kindes willen, das hier abgebildet ist, hat mich der himmlische Vater aus meiner großen Not errettet."

Wollige Weihnachtskugel

Material:
Alleskleber
Styropor®-Kugel
bunte Wolle
Schere
kleine Perlen

Schwierigkeitsgrad:
mittel

Und so geht's:

1. Tupfe etwas Klebstoff oben auf die Kugel und verreibe ihn leicht mit den Fingern. Klebe dort den Anfang des Fadens fest.

2. Wickle nun die Wolle zweimal dicht an dicht um die Kugel. Bestreiche die Kugel dazu immer nur etappenweise mit dem Klebstoff. Sonst trocknet dieser zu schnell und die Wolle bleibt nicht kleben. Fädle während des Umwicklens ab und zu kleine Perlen auf.

3. Ist die Kugel ganz von Wolle umgeben, schneidest du den Faden so ab, dass ein langes Stück überhängt. Verknote diesen Faden zu einer Schlaufe. Daran kannst du die Kugel aufhängen.

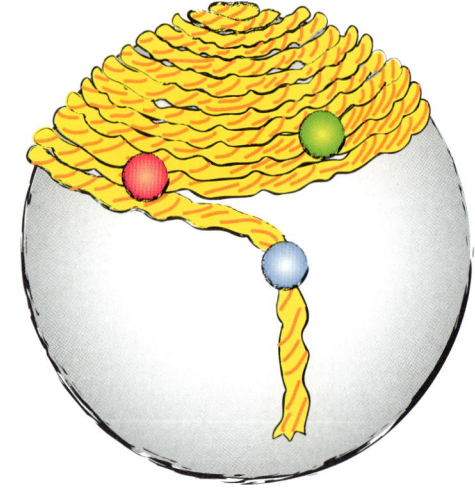

Tipp

Reinige deine Finger zwischendurch immer wieder, damit die Wolle nicht an deiner Hand, sondern auf der Kugel klebt!

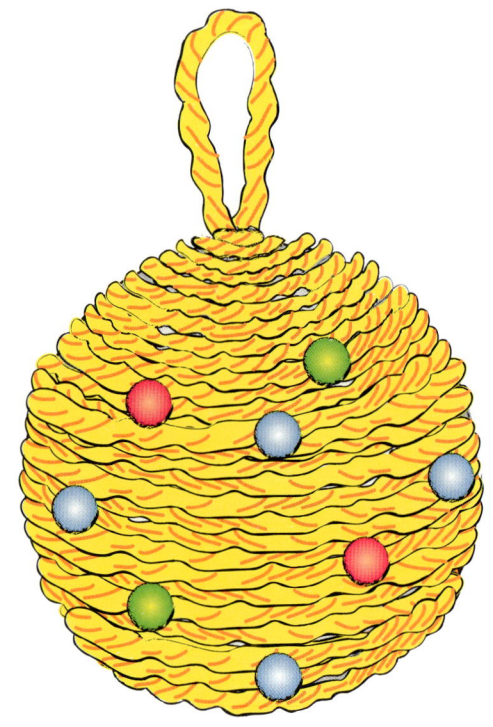

Kartoffelsalat

Zutaten:

1 kg festkochende Kartoffeln
200 ml Gemüsebrühe
Salz
Pfeffer aus der Mühle
1 TL milder Senf
5 EL Weißweinessig

2 EL Sonnenblumenöl
100 g Bärlauch
1 Bd. Kerbel
1 Bd. Radieschen
1 Zwiebel

Zubereitungszeit: 20 Min.
Garzeit: 20 Min.
Ziehzeit: 45 Min.

Nährwerte pro Portion:
278/1163 kcal/kJ
7 g EW, 9 g F, 41 g KH

Tipp

Kartoffelsalat mit Würstchen ist in Deutschland ein traditionelles Gericht für den Heiligen Abend.

Und so geht's:

1. Kartoffeln waschen und in einem Topf mit ausreichend Wasser geben. Erhitzen und in ca. 20 Minuten gar kochen. Abgießen, ausdampfen lassen und pellen. In mundgerechte Scheiben schneiden. Gemüsebrühe erhitzen und warm unter die Kartoffeln mischen.

2. Salz, Pfeffer, Senf und Essig in einer Schale mit einem kleinen Schneebesen gut verrühren; Sonnenblumenöl einfließen lassen und zu einer glatten Salatsoße verrühren. Unter die Kartoffeln mischen. Das Ganze abgedeckt ca. 30 Minuten ziehen lassen.

3. Bärlauch verlesen, feste Strünke abschneiden und unter fließendem kalten Wasser waschen. Trocken tupfen und in feine Streifen schneiden. Kerbel mit kaltem Wasser abbrausen und trocken schütteln. Grobe Stielenden entfernen und 2 Stängel für die Garnitur beiseitelegen. Den Rest fein hacken.

4. Radieschen gründlich waschen, achteln, dabei Wurzel- und Stielansätze entfernen. Zwiebel schälen und würfeln.

5. Bärlauch, Kerbel, Radieschen und Zwiebel unter den Kartoffelsalat mischen. Nochmals zudecken und weitere 15 Minuten durchziehen lassen. Vor dem Servieren auf Tellern anrichten und mit Kerbelblättern garnieren.

Idylle

Gustav Falke

Maria unterm Lindenbaum
lullt ihren Sohn in Schlaf und Traum.
Herr Joseph auch, der wackre Greis,
ist eingenickt und schnarcht ganz leis'.

Vier Eng'lein aber hocken dicht
auf einem Ast und schlafen nicht.
Sie schlafen nicht und singen sacht,
kein' Nachtigall es besser macht!

Groß überm Wald her, Himmelsruh,
hebt sich der Mond und guckt herzu.
Maria reißt die Augen auf,
ihr fiel ein Schlummerkörnlein drauf.

Und ist erst in der halben Nacht,
dass sie bei ihrem Kind gewacht.
Sie sieht in all den Silberschein
mit großen Augen still hinein.

Hört kaum das Lied von obenher,
ihr Herz ist bang, ihr Herz ist schwer,
ein Tränlein fällt ihr auf die Hand
und blitzt im Mond wie ein Diamant.

Entenbrust mit Beeren-Weißwein-Soße

Zutaten:

2 Entenbrüste ohne Knochen
rosa Pfefferkörner
3 EL Öl
½ TL Honig
1 Schalotte
100 ml trockener Weißwein
100 ml Fleischbrühe
150 g Sahne
1 rote Chilischote

100 g gemischte Beeren (tief-
gekühlt)
Salz
1 EL Soßenbinder nach
Wunsch
300 g Zuckerschoten
1 EL Butter
Petersilie zum Garnieren

Zubereitungszeit:
40 Min.
Garzeit:
30 Min.

Nährwerte pro Portion:
714 kcal/2999 kJ
33 g EW, 20 g F, 12 g KH

Und so geht's:

1. Entenbrüste waschen, trocken tupfen, Fett rautenförmig einschneiden. Einige rosa Pfefferkörner zerdrücken und das Fleisch damit einreiben.

2. Ofen auf 180 Grad Celsius vorheizen. Öl in einer Pfanne erhitzen, Entenbrüste mit der Hautseite darin anbraten, umdrehen, mit Honig bestreichen. Fleisch in eine ofenfeste Form legen und im Backofen 15 bis 20 Minuten garen.

3. Schalotte schälen, würfeln, in der Pfanne glasig dünsten, mit Weißwein ablöschen und etwas reduzieren lassen. Brühe und Sahne zufügen und ca. 5 Minuten köcheln lassen. Chilischote waschen, entkernen, fein hacken und mit Beeren zufügen. Weitere 5 Minuten köcheln lassen. Soße pürieren, durch ein Sieb passieren und mit Salz und rosa Pfefferkörnern abschmecken. Nach Wunsch mit Soßenbinder verdicken.

4. Die Zuckerschoten putzen, waschen, in kochendem Salzwasser ca. 2 Minuten blanchieren, abgießen und abtropfen lassen. Butter erhitzen und die Zuckerschoten darin schwenken.

5. Die Entenbrüste in Tranchen schneiden und mit der Soße und den Zuckerschoten anrichten. Mit rosa Pfefferkörnern und Petersilie garniert servieren.

Hängender Weihnachtsmann

Material:

Schere
Tonpapier in Rot und Orange
naturfarbene Holzperle mit
Loch (2 cm Durchmesser)
weiße Acrylfarbe
rote Knetmasse

Alleskleber
schwarzer Filzstift
roter Buntstift
Biegeplüsch in Rot und
Weiß
roter Faden

Schwierigkeitsgrad:
mittel

Und so geht's:

1. Schneide von dem roten und dem orangen Tonpapier je einen Streifen ab. Er sollte 2 cm breit und 35 cm lang sein.

2. Lege beide Streifen im rechten Winkel aufeinander. Dabei sollte der orange Streifen direkt unter dem roten liegen. Falte nun immer den unteren Streifen über den oberen: Zuerst wird also der Orange über den Roten gelegt, dann wieder der Rote über den Orangen. Mache dies so lange, bis alles gefaltet ist.

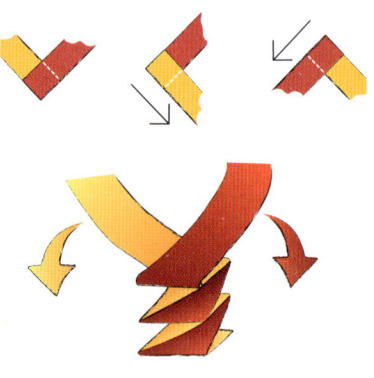

3. Male die Holzperle weiß an. Sie dient als Kopf. Lass die Farbe trocknen und forme aus roter Knetmasse eine kleine Kugel. Klebe sie als Nase auf die Holzperle. Zeichne mit dem Filzstift Augen und Mund, mit dem Buntstift rote Bäckchen.

4. Schneide vom weißen Biegeplüsch ein 12 cm langes Stück ab. Knicke dieses Stück für den Hals genau in der Mitte. Stecke es doppelt durch das Loch der Holzperle. Beide Enden sollten unten 1 cm herausstehen– sie bilden den Hals. Oben ragt der Plüsch 3 cm heraus.

5. Schneide nun 2 Stücke von 6 cm Länge vom weißen Biegeplüsch ab. Wickle einen komplett um den Hals, sodass dieser etwas dicker wird. Klebe den anderen als Bart in das Gesicht.

6. Das Ende des weißen Biegeplüschs, das oben aus der Kugel ragt, wird die Spitze der Mütze. Schneide ein Stück des roten Biegeplüschs ab, das 12 cm lang ist. Klebe es wie ein Stirnband um den Kopf herum. Ist der Klebstoff trocken, drehst du den Biegeplüsch als immer enger werdende Spirale bis zur Mützenspitze. Klebe das Ende an.

7. Klebe den Hals aus weißem Biegeplüsch auf das gefaltete Tonpapier. Warte, bis der Klebstoff trocken ist. Knote einen roten Faden an der Mütze fest.

Stille Nacht, heilige Nacht

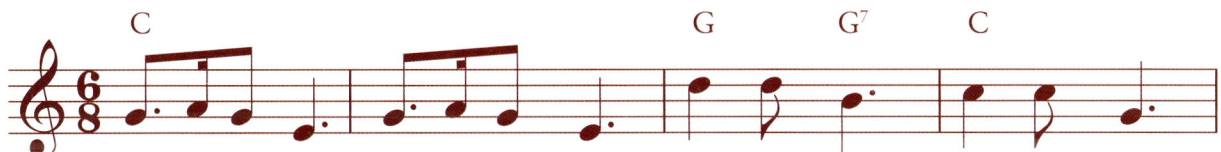

1. Stil_ - le Nacht, hei - li - ge Nacht! Al - les schläft, ein - sam wacht

nur das trau - te hoch - hei - li - ge Paar. Hol - der Kna - be im lo - cki - gen Haar,

schlaf in himm - li - scher Ruh___, schlaf_ in himm - li - scher Ruh___!

2. Stille Nacht, heilige Nacht!
Gottes Sohn, o, wie lacht
Lieb aus deinem göttlichen Mund,
da uns schlägt die rettende Stund,
l: Christ, in deiner Geburt. :l

3. Stille Nacht, heilige Nacht!
Hirten erst kundgemacht,
durch der Engel Halleluja,
tönt es laut von fern und nah:
l: Christ, der Retter, ist da. :l

Worte: Joseph Mohr

Weise: Franz Xaver Gruber

Die Geschichte von Pepe Knollennase und Alexander Zipfelmütz

Helga M. Mau

Ich kenne einen Dachboden in Velen, da geht es nicht mit rechten Dingen zu. Auf den ersten Blick scheint es ein ganz normaler Dachboden zu sein. Wohin man auch sieht, findet man Gerümpel aus vergangenen Tagen und überall stehen staubige Kisten, abgewetzte Teppiche und ausgediente Stühle herum. Doch in der Winterzeit hat es eine besondere Bewandtnis mit diesem Dachboden. Denn in einer hinteren Ecke leuchten viele rote Zipfelmützen.

„Rote Zipfelmützen?", werdet ihr fragen. „Was kann das nur sein?"
Ich werde es euch erzählen: Auf diesem Dachboden werden jeden Winter über die Gartenzwerge aus dem Garten von Frau Reinfeld gelagert. Hier müssen sie warten, bis der Frost vorbei ist, die Sonne wieder länger scheint und die ersten Frühlingsblumen zu sprießen beginnen. Erst dann dürfen sie wieder in den Garten hinaus. Jetzt aber, da der Winter angefangen hat, stehen sie da in Reih und Glied – die vielen roten Zipfelmützen und natürlich auch Schneewittchen.

Zu diesen vielen Gartenzwergen gehören auch Pepe Knollennase und Alexander Zipfelmütz. Pepe Knollennase, der als Einziger ein grünes Zipfelmützchen trägt und eine dicke Knollennase hat, ist Bergsteiger von Beruf. Sein bester Freund und Kamerad Alexander Zipfelmütz hat eine rote Zipfelmütze und eine Laterne in der Hand, mit der er den anderen in der Dunkelheit auf dem Dachboden leuchten kann. Nun wisst ihr ja, dass so ein Winter sehr lang sein kann und wenn so viele unternehmungslustige Gartenzwerge so eng zusammen stehen, ist es kein Wunder, dass sich der ein oder andere überlegt, wie er sich die Zeit wohl am besten vertreiben könnte.

So war es auch bei unseren beiden Freunden. Alexander Zipfelmütz fiel nämlich ein, dass jedes Jahr um die Weihnachtszeit ein großer Karton in die Stube heruntergeholt wurde, in dem der ganze Weihnachtsschmuck, die goldenen Christbaumkugeln, die Lichterketten und Leuchtengel aufbewahrt wurden. Neugierig wie er war, sagte er zu Pepe Knollennase: „Lass uns einmal nachsehen, ob in diesem Karton Platz für uns ist. Dann springen wir hinein und kommen so auch im Winter einmal von unserem Dachboden herunter." Da Pepe Knollennase Bergsteiger von Beruf war, war das überhaupt kein Problem. Er hatte ein langes Seil dabei und – schwuppdiwupp – kletterten beide in den großen Karton und versteckten sich tief unter der glitzernden Weihnachtsdekoration.

Es dauerte gar nicht lange und Frau Reinfeld kam, um den großen Karton mit der Weihnachtsdekoration zu holen.
„Du liebe Zeit! Wieso ist denn der Karton so schwer?", stöhnte sie und stellte unten angekommen den Karton erst einmal im Wohnzimmer beiseite.
Pepe Knollennase und Alexander Zipfelmütz, die schon die ganze Zeit über Herzklopfen gehabt hatten, da sie nun das erste Mal sehen würden, was im Winter im Garten und im Haus passierte, waren ein wenig

enttäuscht. Denn jetzt passierte erst einmal überhaupt nichts. Sie schauten heraus und alles war dunkel. Niemand kümmerte sich um den Karton und die beiden langweilten sich schrecklich.

Doch am nächsten Tag hatte Frau Reinfeld endlich Zeit, und so begann sie damit, den Weihnachtsschmuck und die Weihnachtslichter zu sortieren und sich zu überlegen, wie sie das Haus damit schmücken könnte. Als sie damit fertig war, fiel ihr auf, dass ganz unten zwei ihrer Gartenzwerge standen.
„Oh!", rief sie verwundert. „Was macht ihr denn hier? Euch kann ich ja nun gar nicht gebrauchen, ihr seid ja keine Weihnachtsdekoration! Ich stelle euch erst einmal in eine Ecke im Wohnzimmer und später bringe ich euch wieder zurück auf den Dachboden zu den anderen Gartenzwergen – denn zu Weihnachten habt ihr hier wirklich nichts verloren."

Das Herz von Pepe Knollennase und Alexander Zipfelmütz machte einen großen Sprung und sie freuten sich riesig, dass sie im warmen Wohnzimmer stehen bleiben durften. So sahen sie zu, wie Frau Reinfeld alles weihnachtlich dekorierte: Da wurden die Fenster mit Sternen geschmückt, überall Engel und leuchtende Kerzen aufgestellt, der Tisch mit Weihnachtsdeckchen dekoriert und ein großer Adventskranz mit goldenen Bändern und roten Kerzen aufgehängt. Und als drinnen alles sehr gemütlich und festlich aussah, konnten Pepe Knollennase sogar beobachten, wie draußen eine Tanne mit einer Lichterkette geschmückt wurde, die, als es dunkel war, hell erleuchtet wurde.

„Schade", seufzte Alexander Zipfelmütz, „dass wir im Winter immer oben auf dem Dachboden stehen müssen! So etwas Schönes habe ich noch nicht gesehen!" „Gut, dass wir zu zweit sind", sagte Pepe Knollennase. „Die Gartenzwerge oben auf dem Dachboden glauben uns kein Wort, wenn wir ihnen das erzählen. Hoffentlich vergisst Frau Reinfeld, dass wir hier stehen, dann können wir noch ein paar Tage zusehen, was hier so alles passiert."

Und tatsächlich, Frau Reinfeld dachte nicht mehr an die zwei Gartenzwerge, die in der Wohnzimmerecke standen und die da eigentlich gar nichts zu suchen hatten. So konnten Pepe Knollennase und Alexander Zipfelmütz noch eine ganze Weile die Weihnachtsvorbereitung genießen: Jeden Tag wurden die Kerzen angezündet, Plätzchen gebacken und Weihnachtsschmuck gebastelt und dazu schallten fröhliche Weihnachtslieder durchs Haus. Kurzum – Pepe Knollennase und Alexander Zipfelmütz hatten eine wunderschöne Weihnachtszeit im Wohnzimmer von Frau Reinfeld.

Doch, oh Unglück, beim letzten Weihnachtsputz kurz vor dem großen Fest, entdeckte sie die beiden Gartenzwerge. „Ach du liebe Zeit", lachte sie. „Euch habe ich ja ganz vergessen. Nun werde ich euch aber endlich wieder auf den Dachboden bringen. Denn Gartenzwerge zum festlichen Weihnachtsbaum – das sieht ja nun wirklich nicht besonders festlich aus!"

Sie nahm die Gartenzwerge, steckte sie in einen Korb und brachte sie sofort auf den Dachboden zurück.
„Nun erzählt schon", bettelte Schneewittchen und die anderen Gartenzwerge riefen alle durcheinander:
„Erzählt schon, erzählt schon! Wie war's, wie war's? Ihr wart ja so lange weg!"

„Nun mal langsam", sagte Pepe Knollennase. „Wir erzählen ja schon! Immer alles der Reihe nach. Ihr werdet es sowieso nicht glauben!"

Und sie berichteten ihren Freunden davon, wie schön es unten in der warmen Stube gewesen war, wie hell die Weihnachtslichter gefunkelt hatten , wie lecker das Gebäck geduftet hatte und was für fröhlichen Lieder alle gesungen hatten.

Alle freuten sich über das gelungene Abenteuer von Pepe Knollennase und Alexander Zipfelmütz. Sie rutschten ein wenig zusammen, damit die beiden wieder Platz hatten und jeder hing seinen weihnachtlichen Träumen nach. Pepe Knollenmase und

Alexander Zipfelmütz sangen leise „Stille Nacht, Heilige Nacht", der Flötenzwerg spielte dazu leise auf seiner Flöte, der Mandolinenzwerg zupfte auf seiner Mandoline und ein anderer schlug auf einem alten Xylophon eine leisen Glockenschlag dazu. Sie fassten sich an den Händen und tanzten um einen alten künstlichen Weihnachtsbaum, an dem noch ein Lamettafaden hing. Da die Zwerge noch nie Weihnachten gefeiert hatten, war ihnen ganz besonders zumute. Der Mond schaute durch eine Dachluke und schmunzelte. Weihnachten bei den Zwergen, das hatte selbst er noch nicht gesehen.

Alle erzählten noch lange von diesem schönen Fest auf dem alten Dachboden und sie nahmen sich fest vor, es nun jedes Jahr zu feiern. Denn dann würde ihnen die Zeit bis zum Frühling nicht so lang werden, bis sie wieder in Frau Reinfelds Garten durften.

Kette für den Weihnachtsbaum

Material:
Bastelfolie in verschiedenen
Farben
Bleistift
Lineal
Schere
Alleskleber

Schwierigkeitsgrad:
leicht

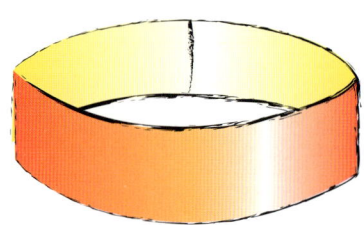

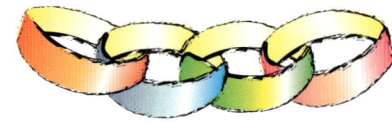

Und so geht's:

1. Nimm Bastelfolie in verschiedenen Farben. Zeichne auf jede vorsichtig mit Bleistift und Lineal einen 10 cm breiten Streifen. Unterteile jeden Streifen in etwa 1 cm hohe Abschnitte. Schneide die kleinen Bänder aus.

2. Klebe ein Band zu einem Ring. Führe das nächste Band in einer anderen Farbe durch den Ring und klebe die Enden erst dann zusammen. Verfahre so mit allen Streifen, sodass eine bunte Kette entsteht.

3. Damit kannst du dann den Weihnachtsbaum schmücken.

Kommet ihr Hirten

1. Kom - met ihr Hir - ten, ihr Män - ner und
Kom - met das lieb - li - liche Kind - lein zu
Fraun. Chris - tus, der Herr, ist heu - te ge - bo - ren,
schaun.
den Gott zum Hei - land euch hat er - ko - ren. Fürch - tet euch nicht.

2. Lasset uns sehen in Bethlehems Stall,
was uns verheißen der himmlische Schall!
Was wir dort finden, lasset uns künden,
lasset uns preisen in frommen Weisen:
Halleluja!

3. Wahrlich, die Engel verkündigen heut'
Bethlehems Hirtenvolk gar große Freud'.
Nun soll es werden Friede auf Erden,
den Menschen allen ein Wohlgefallen:
Ehre sei Gott!

Worte und Weise:
Volkslied aus Böhmen

109

Schoko-Honigkuchen

Zutaten:

200 g Honig
100 g Butter
125 g Zucker
2 Eier
20 g Kakaopulver
½ TL Zimt
½ TL Nelkenpulver
1 gestr. TL Ingwerpulver
2 Tropfen Bittermandelöl
375 g Mehl

1 Päckchen Backpulver
60 g kandierter Ingwer
50 g Zartbitterschokolade
50 g Korinthen
Fett für das Blech
200 g Puderzucker
2–3 gestr. EL Kakao
Mandel-, Haselnuss- und Wal-
nusskerne zum Garnieren

Zubereitungszeit:
30 Min.
Backzeit:
30 Min.

Nährwerte pro Stück:
166/700 kcal/kJ
2 g EW, 5 g F, 28 g KH

Und so geht's:

1. Honig, Butter und Zucker erst unter Rühren langsam erwärmen, dann erkalten lassen. Eier, Kakaopulver, Zimt, Nelken- und Ingwerpulver sowie Bittermandelöl mit der Honigmasse verrühren. Mehl mit Backpulver mischen und esslöffelweise zugeben.

2. Kandierten Ingwer klein schneiden, Schokolade fein hacken, Korinthen waschen und abtropfen lassen. Vorbereitete Zutaten unter den Teig heben und diesen ca. 0,5 cm dick auf ein gefettetes Backblech streichen. Im vorgeheizten Backofen bei 175–200 Grad Celsius 25 bis 30 Minuten backen, erkalten lassen und dann in Quadrate oder Dreiecke schneiden.

3. Für den Guss Puderzucker sieben, mit Kakao und 3 bis 4 EL Wasser zu einer dickflüssigen Masse verrühren und die Happen damit bestreichen. Mit den Mandel-, Haselnuss- und Walnusskernen nach Wunsch verzieren.

4. Ergibt 50 Stück.

Der allererste Weihnachtsbaum

Hermann Löns

Der Weihnachtsmann ging durch den Wald. Er war ärgerlich. Sein weißer Spitz, der sonst immer lustig bellend vor ihm herlief, merkte das und schlich hinter seinem Herrn mit eingezogener Rute her.

Er hatte nämlich nicht mehr die rechte Freude an seiner Tätigkeit. Es war alle Jahre dasselbe. Es war kein Schwung in der Sache. Spielzeug und Esswaren, das war auf die Dauer nichts. Die Kinder freuten sich wohl darüber, aber quieken sollten sie und jubeln und singen, so wollte er es, das taten sie aber nur selten.

Den ganzen Dezembermonat hatte der Weihnachtsmann schon darüber nachgegrübelt, was er wohl Neues erfinden könne, um einmal wieder eine rechte Weihnachtsfreude in die Kinderwelt zu bringen, eine Weihnachtsfreude, an der auch die Großen teilnehmen würden. Kostbarkeiten durften es auch nicht sein, denn er hatte soundsoviel auszugeben und mehr nicht.

So stapfte er denn auch durch den verschneiten Wald, bis er auf dem Kreuzweg war. Dort wollte er das Christkindchen treffen. Mit dem beriet er sich nämlich immer über die Verteilung der Gaben.

Schon von Weitem sah er, dass das Christkindchen da war, denn ein heller Schein war dort. Das Christkindchen hatte ein langes Kleidchen an und lachte über das ganze Gesicht. Denn um es herum lagen große Bündel Kleeheu und Bohnenstiegen und Espen- und Weidenzweige, und daran taten sich die hungrigen Hirsche und Rehe und Hasen gütlich. Sogar für die Sauen gab es etwas: Kastanien, Eicheln und Rüben.

Der Weihnachtsmann nahm seinen Wolkenschieber ab und bot dem Christkindchen die Tageszeit.
„Na, Alterchen, wie geht's?", fragte das Christkind. „Hast wohl schlechte Laune?" Damit hakte es den Alten unter und ging mit ihm. Hinter ihnen trabte der kleine Spitz, aber er sah gar nicht mehr betrübt aus und hielt seinen Schwanz kühn in die Luft.

„Ja", sagte der Weihnachtsmann, „die ganze Sache macht mir so recht keinen Spaß mehr. Liegt es am Alter oder an sonst was, ich weiß nicht. Das mit den Pfefferkuchen und den Äpfeln und Nüssen, das ist nichts mehr. Das essen sie auf, und dann ist das Fest vorbei. Man müsste etwas Neues erfinden, etwas, was nicht zum Essen und nicht zum Spielen ist, aber wobei Jung und Alt singt und lacht und fröhlich wird."

Das Christkindchen nickte und machte ein nachdenkliches Gesicht; dann sagte es: „Da hast du recht, Alter, mir ist das auch schon aufgefallen. Ich habe daran auch schon gedacht, aber das ist nicht so leicht."
„Das ist es ja gerade", knurrte der Weihnachtsmann, „ich bin zu alt und zu dumm dazu. Ich habe schon richtiges Kopfweh vom vielen Nachdenken, und es fällt mir doch nichts Vernünftiges ein. Wenn es so weiter-

geht, schläft allmählich die ganze Sache ein, und es wird ein Fest wie alle anderen, von dem die Menschen dann weiter nichts haben als Faulenzen, Essen und Trinken."

Nachdenklich gingen beide durch den weißen Winterwald, der Weihnachtsmann mit brummigem, das Christkindchen mit nachdenklichem Gesicht. Es war so still im Wald, kein Zweig rührte sich, nur wenn die Eule sich auf einen Ast setzte, fiel ein Stück Schneebehang mit halblautem Ton herab. So kamen die beiden, den Spitz hinter sich, aus dem hohen Holz auf einen alten Kahlschlag, auf dem große und kleine Tannen standen. Das sah wunderschön aus. Der Mond schien hell und klar, alle Sterne leuchteten, der Schnee sah aus wie Silber, und die Tannen standen darin, schwarz und weiß, dass es eine Pracht war. Eine fünf Fuß hohe Tanne, die allein im Vordergrund stand, sah besonders reizend aus. Sie war regelmäßig gewachsen, hatte auf jedem Zweig einen Schneestreifen, an den Zweigspitzen kleine Eiszapfen, und glitzerte und flimmerte nur so im Mondenschein.

Das Christkindchen ließ den Arm des Weihnachtsmannes los, stieß den Alten an, zeigte auf die Tanne und sagte: „Ist das nicht wunderhübsch?"
„Ja", sagte der Alte, „aber was hilft mir das?"
„Gib ein paar Äpfel her", sagte das Christkindchen, „ich habe einen Gedanken."

Der Weihnachtsmann machte ein dummes Gesicht, denn er konnte es sich nicht recht vorstellen, dass das Christkind bei der Kälte Appetit auf die eiskalten Äpfel hatte. Er hatte zwar noch einen guten alten Schnaps, aber den mochte er dem Christkindchen nicht anbieten.

Er machte sein Tragband ab, stellte seine riesige Kiepe in den Schnee, kramte darin herum und langte ein paar recht schöne Äpfel heraus. Dann fasste er in die Tasche, holte sein Messer heraus, wetzte es an einem Buchenstamm und reichte es dem Christkindchen.

„Sieh, wie schlau du bist", sagte das Christkindchen. „Nun schneid mal etwas Bindfaden in zwei Finger lange Stücke, und mach mir kleine Pflöckchen."
Dem Alten kam das alles etwas ulkig vor, aber er sagte nichts und tat, was das Christkind ihm sagte. Als er die Bindfadenenden und die Pflöckchen fertig hatte, nahm das Christkind einen Apfel, steckte ein Pflöckchen hinein, band den Faden daran und hängte den an einen Ast.

„So", sagte es dann, „nun müssen auch an die anderen welche, und dabei kannst du helfen, aber vorsichtig, dass kein Schnee abfällt!"
Der Alte half, obgleich er nicht wusste, warum. Aber es machte ihm schließlich Spaß, und als die ganze kleine Tannc voll von rotbäckigen

Äpfeln hing, da trat er fünf Schritte zurück, lachte und sagte: „Kiek, wie niedlich das aussieht! Aber was hat das alles für'n Zweck?"
„Braucht denn alles gleich einen Zweck zu haben?", lachte das Christkind. „Pass auf, das wird noch schöner. Nun gib mal Nüsse her!"
Der Alte krabbelte aus seiner Kiepe Walnüsse heraus und gab sie dem Christkindchen. Das steckte in jedes ein Hölzchen, machte einen Faden daran, rieb immer eine Nuss an der goldenen Oberseite seiner Flügel, dann war die Nuss golden, und die nächste an der silbernen Unterseite seiner Flügel, dann hatte es eine silberne Nuss und hängte sie zwischen die Äpfel.

„Was sagst nun, Alterchen?", fragte es dann. „Ist das nicht allerliebst?"
„Ja", sagte der, „aber ich weiß immer noch nicht ..."
„Komm schon!", lachte das Christkindchen. „Hast du Lichter?"
„Lichter nicht", meinte der Weihnachtsmann, „aber 'nen Wachsstock!"
„Das ist fein", sagte das Christkind, nahm den Wachsstock, zerschnitt ihn und drehte erst ein Stück um den Mitteltrieb des Bäumchens und die anderen Stücke um die Zweigenden, bog sie hübsch gerade und sagte dann: „Feuerzeug hast du doch?"
„Gewiss", sagte der Alte, holte Stein, Stahl und Schwammdose heraus, pinkte Feuer aus dem Stein, ließ den Zunder in der Schwammdose

zum Glimmen kommen und steckte daran ein paar Schwefelspäne an. Die gab er dem Christkindchen. Das nahm einen hell brennenden Schwefelspan und steckte damit erst das oberste Licht an, dann das nächste davon rechts, dann das gegenüberliegende. Und rund um das Bäumchen gehend, brachte es so ein Licht nach dem andern zum Brennen.

Da stand nun das Bäumchen im Schnee; aus seinem halb verschneiten, dunklen Gezweig sahen die roten Backen der Äpfel, die Gold- und Silbernüsse blitzten und funkelten, und die gelben Wachskerzen brannten feierlich. Das Christkindchen lachte über das ganze rosige Gesicht und patschte in die Hände,

der alte Weihnachtsmann sah gar nicht mehr so brummig aus, und der kleine Spitz sprang hin und her und bellte.

Als die Lichter ein wenig heruntergebrannt waren, wehte das Christkindchen mit seinen goldsilbernen Flügeln, und da gingen die Lichter aus. Es sagte dem Weihnachtsmann, er solle das Bäumchen vorsichtig absägen. Das tat der, und dann gingen beide den Berg hinab und nahmen das bunte Bäumchen mit.

Als sie in den Ort kamen, schlief schon alles. Beim kleinsten Hause machten die beiden Halt. Das Christkindchen machte leise die Tür auf und trat ein; der Weihnachtsmann ging hinterher. In der Stube stand ein dreibeiniger Schemel mit einer durchlochten Platte. Den stellten sie auf den Tisch und steckten den Baum hinein. Der Weihnachtsmann legte dann noch allerlei schöne Dinge, Spielzeug, Kuchen, Äpfel und Nüsse unter den Baum, und dann verließen beide das Haus so leise, wie sie es betreten hatten.

Als der Mann, dem das Häuschen gehörte, am andern Morgen erwachte und den bunten Baum sah, da staunte er und wusste nicht, was er dazu sagen sollte. Als er aber an dem Türpfosten, den des Christkinds Flügel gestreift hatte, Gold- und Silberflimmer hängen sah, da wusste er Bescheid. Er steckte die Lichter an dem Bäumchen an und weckte

Frau und Kinder. Das war eine Freude in dem kleinen Haus wie an keinem Weihnachtstag. Keines von den Kindern sah nach dem Spielzeug, nach dem Kuchen und den Äpfeln, sie sahen nur alle nach dem Lichterbaum. Sie fassten sich an den Händen, tanzten um den Baum und sangen alle Weihnachtslieder, die sie wussten, und selbst das Kleinste, das noch auf dem Arm getragen wurde, krähte, was es krähen konnte.

Als es helllichter Tag geworden war, da kamen die Freunde und Verwandten des Bergmanns, sahen sich das Bäumchen an, freuten sich darüber und gingen gleich in den Wald, um sich für ihre Kinder auch ein Weihnachtsbäumchen zu holen. Die anderen Leute, die das sahen, machten es nach, jeder holte sich einen Tannenbaum und putzte ihn an, der eine so, der andere so, aber Lichter, Äpfel und Nüsse hängten sie alle daran.

Als es dann Abend wurde, leuchtete im ganzen Dorf Haus bei Haus ein Weihnachtsbaum, überall hörte man Weihnachtslieder und das Jubeln und Lachen der Kinder.

Von da aus ist der Weihnachtsbaum über ganz Deutschland gewandert und von da über die ganze Erde. Weil aber der erste Weihnachtsbaum am Morgen leuchtete, so wird in manchen Gegenden den Kindern morgens beschert.

Am Weihnachtsbaume

1. Am Weih- nachts - bau - me die Lich-ter bren - nen, wie glänzt er

fest - lich, lieb und mild. Als spräch' er: „Wollt__ in mir er -

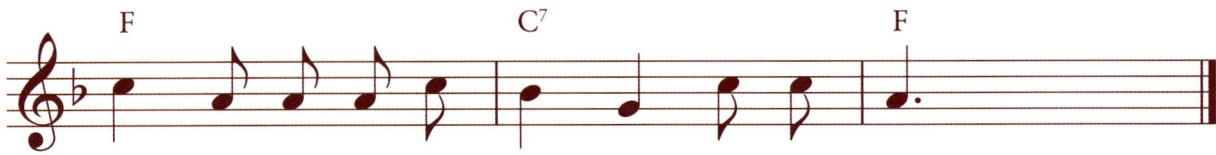

ken - nen ge - treu - er Hoff - nung stil - les Bild."

2. Die Kinder stehen mit hellen Blicken,
das Auge lachet, es lacht das Herz.
O fröhlich, seliges Entzücken,
die Alten schauen himmelwärts.

3. Zwei Engel sind hereingetreten,
kein Auge hat sie kommen sehn.
Sie geh'n zum Weihnachtsbaum und beten
und wenden wieder sich und geh'n.

4. „Gesegnet seid ihr alten Leute,
gesegnet sei die kleine Schar!
Wir bringen Gottes Gaben heute
dem braunen wie dem weißen Haar!"

5. „Zu guten Menschen, die sich lieben,
schickt uns der Herr als Boten aus.
Und seid ihr treu und fromm geblieben,
wir treten wieder in dies Haus!"

6. Kein Ohr hat ihren Spruch vernommen,
unsichtbar jedes Menschen Blick.
Sind sie gegangen wie gekommen,
doch Gottes Segen bleibt zurück.

Worte: Hermann Kletke
Weise: Volkslied

Pailletten-Weihnachtsbaum

Material:
Styropor®-Kegel
grüne Plakat-Lackfarbe
Pinsel
grüne Pailletten
kurze Stecknadeln
kleine, bunte Glasperlen
lange Stecknadel
große Goldperle

Schwierigkeitsgrad:
mittel

Und so geht's:

1. Male den Styropor®-Kegel grün an. Lass die Farbe gut trocknen.

2. Verziere nun den Baum mit Pailletten. Stecke dazu auf eine Nadel eine kleine Glasperle und dann eine Paillette. Dann drückst du das Ganze vorsichtig und gerade in den Styropor®-Kegel. Fahre damit fort, bis der gesamte Kegel mit Perlen und Pailletten bedeckt ist.

3. Als Spitze für deinen Weihnachtsbaum nimmst du eine große Goldperle. Befestige sie mit einer langen Stecknadel oben auf dem Kegel.

Tipp

Bastle unterschiedlich große Pailletten-Bäume in verschiedenen Farben. Arrangiere sie auf einem großen Teller. Das sieht besonders schön aus.

Elisenlebkuchen

Zutaten:

150 g Walnüsse
250 g Mandeln, gemahlen
100 g Marzipan
4 Eier
100 g Rohrzucker
100 g Akazienhonig (z. B. von Alnatura)
50 g Orangeat, fein gehackt

abgeriebene Schale von
1 Orange (unbehandelt)
1 TL Lebkuchengewürz
25 große Oblaten
100 g feine Bitterschokolade
100 g Puderzucker
Saft von ½ Orange
ganze Mandeln

Zubereitungszeit:
45 Min.
Ruhezeit:
ca. 8 Std.
Backzeit:
20 Min.
.
Nährwerte pro Stück:
212/887 kcal/kJ
5 g EW, 13 g F, 20 g KH

Und so geht's:

1. Walnüsse fein hacken. Mit Mandeln, Marzipan, Eiern, Zucker, Honig, Orangeat, Orangenschale und Lebkuchengewürz nach und nach in einer Schüssel zu einem Teig verrühren. Abdecken und über Nacht im Kühlschrank ruhen lassen.

2. Backofen auf 180 Grad Celsius vorheizen. Backblech mit Backpapier auslegen, Oblaten darauf verteilen und je 1 EL Teig in die Mitte jeder Oblate geben. Teig mit einem nassen Messer glatt streichen.

3. Oblaten im vorgeheizten Ofen 15 bis 20 Minuten backen. Herausnehmen und vollständig abkühlen lassen. Schokolade schmelzen. Puderzucker mit Orangensaft zu einem klebrigen Guss rühren. Lebkuchen nach Belieben mit Zuckerguss oder Schokolade überziehen. Die Schokoladenlebkuchen zusätzlich mit ganzen Mandeln verzieren.

Alle Jahre wieder

1. Al - le Jah - re wie - der kommt das__ Chris - tus - kind
auf die Er - de nie - der__, wo wir__ Men - schen sind.

2. Kehrt mit seinem Segen
ein in jedes Haus,
geht auf allen Wegen
mit uns ein und aus.

3. Steht auch mir zur Seite
still und unerkannt,
dass es treu mich leite
an der lieben Hand.

Worte: Wilhelm Hey
Weise: Friedrich Silcher

Rehmedaillons in Wacholderteig

Zutaten:

1 Rehrückenfilet, 1 Apfel
Saft von ½ Zitrone
2 EL Walnüsse, gehackt
Salz, Pfeffer
4 Eigelb, 125 g Mehl
125 g Speisestärke, 8 EL Gin
Wacholder
250 g Rapsöl zum Ausbacken

250 g Holunderbeeren
60 g Zucker, 1 Zwiebel
2 Knoblauchzehen
2 EL Honig
1 EL Ingwer, fein gewürfelt
Schale von 1 Limette (unbehandelt)
8 EL Balsamico-Essig

Chilipulver, Speisestärke zum
Binden

Zubereitungszeit: 50 Min.

Nährwerte pro Portion:
1188/4997 kcal/kJ
43 g EW, 72 g F, 152 g KH

Und so geht's:

1. Rehrücken von Haut und Sehnen befreien und in 3 cm dicken Scheiben schneiden. Mit einem scharfen Messer jeweils Taschen einschneiden.

2. Apfel waschen, schälen und grob raspeln. Mit Zitronensaft und gehackten Walnüssen vermischen, Füllung in die Medaillons geben. Mit Salz und Pfeffer würzen.

3. Eigelb, 400 ml kaltes Wasser, Mehl, Stärke, Gin und Wacholder in einem hohen Rührbecher durchmixen. Mit Salz würzen.

4. Rapsöl in einem Topf erhitzen. Medaillons durch den Backteig ziehen und im heißen Rapsöl ausbacken. Auf Küchenpapier abtropfen lassen.

5. Für das Chutney Holunderbeeren über Nacht mit 10 g Salz und Zucker durchziehen lassen. Zwiebel und Knoblauch schälen, fein würfeln. Honig in eine Pfanne geben, Zwiebel, Knoblauch und Ingwer dazugeben, etwas anbraten.

6. Limettenschale in feine Streifen schneiden und dazugeben. Mit Essig ablöschen. Die Holunderbeeren dazugeben und leicht köcheln lassen. Mit Chilipulver, Salz und Zucker abschmecken.

7. 1 EL Speisestärke in wenig kaltem Wasser anrühren und Holundersoße damit binden. Die gefüllten Rehmedaillons mit Holunderchutney auf Tellern anrichten.

O Tannenbaum

1. O Tan-nen-baum, o Tan-nen-baum, wie treu sind dei-ne Blät-ter! Du

grünst nicht nur zur Som-mer-zeit, nein, auch im Win-ter, wenn es schneit. O

Tan-nen-baum, o Tan-nen-baum, wie treu sind dei-ne Blät-ter.

2. O Tannenbaum, o Tannenbaum,
du kannst mir sehr gefallen!
Wie oft hat schon zur Winterszeit
ein Baum von dir mich hoch erfreut!
O Tannenbaum, o Tannenbaum,
du kannst mir sehr gefallen!

3. O Tannenbaum, o Tannenbaum,
dein Kleid will mich was lehren:
Die Hoffnung und Beständigkeit
gibt Mut und Kraft zu jeder Zeit!
O Tannenbaum, o Tannenbaum,
dein Kleid will mich was lehren!

*Worte: Joachim August Zarnack
und Ernst Anschütz
Weise: Volkslied*

Der Tannenbaum

Hans Christian Andersen

Draußen im Walde stand ein niedlicher, kleiner Tannenbaum; er hatte einen guten Platz, die Sonne konnte er bekommen, Luft war genug da, und ringsumher wuchsen viele größere Kameraden, sowohl Tannen wie auch Fichten. Aber der kleine Tannenbaum war nur aufs Wachsen versessen; er achtete nicht der warmen Sonne und der frischen Luft, er kümmerte sich nicht um die Bauernkinder, die da gingen und plauderten, wenn sie herausgekommen waren, um Erdbeeren und Himbeeren zu sammeln.

Oft kamen sie mit einem ganzen Topf voll oder hatten Erdbeeren auf einen Strohhalm gezogen, dann setzten sie sich neben den kleinen Tannenbaum und sagten: „Wie niedlich klein ist der!" Das wollte der Baum gar nicht hören.

Im nächsten Jahre war er ein ganzes Ende größer, und das Jahr darauf war er wieder um einen Ansatz länger; denn bei den Tannenbäumen kann man immer an den vielen Gliedern, die sie haben, sehen, wie viele Jahr sie gewachsen sind.

„Oh, wäre ich doch so ein großer Baum wie die anderen!", seufzte das kleine Bäumchen. „Dann könnte ich meine Zweige so weit umher ausbreiten und mit der Krone in die weite Welt hinausblicken! Die Vögel würden dann Nester zwischen meinen Zweigen bauen, und wenn der Wind weht, könnte ich so vornehm nicken, gerade wie die anderen dort."

Er hatte gar keine Freude am Sonnenschein, an den Vögeln und den roten Wolken, die morgens und abends über ihn hinsegelten. War es dann Winter, und Schnee lag ringsumher funkelnd weiß, so kam häufig ein Hase angesprungen und setzte gerade über den kleinen Baum weg. Oh, das war ärgerlich! Aber zwei Winter vergingen, und im dritten war das Bäumchen so groß, dass der Hase drum herumlaufen musste. „Oh, wachsen, wachsen, groß und alt werden, das ist doch das einzig Schöne in dieser Welt!", dachte der Baum.

Im Herbst kamen immer Holzhauer und fällten einige der größten Bäume; das geschah jedes Jahr, und dem jungen Tannenbaum, der nun ganz gut gewachsen war, schauderte dabei; denn die großen, prächtigen Bäume fielen mit Knacken und Krachen zur Erde, die Zweige wurden abgehauen, die Bäume sahen ganz nackt, lang und schmal aus; sie waren fast nicht mehr zu erkennen. Aber dann wurden sie auf Wagen gelegt, und Pferde zogen sie davon, aus dem Wald hinaus.

Wohin sollten sie? Was stand ihnen bevor?

Im Frühjahr, als die Schwalben und Störche kamen, fragte sie der Baum: „Wisst ihr nicht, wohin sie geführt wurden? Seid ihr ihnen nicht begegnet?"

Die Schwalben wussten nichts, aber der Storch sah nachdenklich aus, nickte mit dem Kopfe und sagte: „Ja, ich glaube wohl; mir begegneten viele neue Schiffe, als ich aus Ägypten flog. Auf den Schiffen waren prächtige Mastbäume; ich darf annehmen, dass sie es waren; sie hatten Tannengeruch; ich kann vielmals grüßen, die tragen ihr Haupt so hoch, so stolz!"

„Oh, wäre ich doch auch groß genug, um über das Meer hinfahren zu können! Was ist das eigentlich, dieses Meer, und wie sieht es aus?"

„Ja, das ist weitläufig zu erklären!", sagte der Storch, und damit ging er.

„Freue dich deiner Jugend!", sagten die Sonnenstrahlen. „Freue dich deines frischen Wachstums, des jungen Lebens, das in dir ist!" Und der Wind küsste den Baum, und der Tau weinte Tränen über ihn, aber das verstand der Tannenbaum nicht.

Wenn es gegen die Weihnachtszeit ging, wurden ganz junge Bäume gefällt. Bäume, die oft nicht einmal so groß oder alt wie unser Tannenbaum waren, der weder Rast noch Ruhe hatte, sondern immer davon wollte. Diese jungen Bäumchen, und es waren gerade die allerschönsten, behielten immer ihre Zweige, sie wurden auf Wagen gelegt, und Pferde zogen sie von dannen zum Walde hinaus.

„Wohin sollen diese?", fragte der Tannenbaum. „Sie sind nicht größer als ich, einer ist sogar viel kleiner; weswegen behalten sie alle ihre Zweige? Wohin fahren sie?"

„Das wissen wir, das wissen wir!", zwitscherten die Sperlinge. „Unten in der Stadt haben wir in die Fenster gesehen. Wir wissen, wohin sie fahren! Oh, sie gelangen zur größten Pracht und Herrlichkeit, die sich denken lässt! Wir haben in die Fenster geguckt, und da sahen wir, dass sie mitten in der warmen Stube aufgepflanzt und mit den schönsten Sachen, vergoldeten Äpfeln, Honigkuchen, Spielzeug und vielen Hundert Lichtern geschmückt werden!"

„Und dann?", fragte der Tannenbaum und bebte in allen Zweigen. „Und dann? Was geschieht dann?"

„Ja, mehr haben wir nicht gesehen. Das war unvergleichlich schön!"

„Ob ich wohl bestimmt bin, diesen strahlenden Weg zu betreten?", jubelte der Tannenbaum. „Das ist noch besser, als über das Meer zu ziehen. Ach, wie ich mich sehne! Wäre es doch Weihnachten! Nun bin ich hoch und entfaltet wie die anderen, die im vorigen Jahre davongeführt wurden. Oh, wäre ich erst auf dem Wagen, wäre ich doch in der warmen Stube mit all der Pracht und Herrlichkeit! Und dann? Ja, dann kommt noch etwas Besseres, noch Schöneres, warum würden sie mich sonst so schmücken! Es muss da noch etwas Größeres, Herrlicheres kommen! Aber was? Oh, ich leide, ich sehne mich; ich weiß selbst nicht, wie es mir ist!"

„Freue dich unser!", sagten die Luft und das Sonnenlicht. „Freue dich deiner frischen Jugend im Freien!" Aber er freute sich durchaus nicht. Er wuchs und wuchs, Winter und Sommer stand er grün; dunkelgrün stand er da. Die Leute, die ihn sahen, sagten: „Das ist ein schöner Baum!" Und zur Weihnachtszeit wurde er von allen zuerst gefällt! Die Axt hieb tief durch das Mark; der Baum fiel mit einem Seufzer zu Boden, er fühlte einen Schmerz, eine Ohnmacht, er konnte gar

nicht an irgendein Glück denken, er war betrübt, von der Heimat scheiden zu müssen, von dem Flecke, auf dem er emporgeschossen war. Er wusste ja, dass er die lieben alten Kameraden, die kleinen Büsche und Blumen ringsumher nie mehr sehen würde, ja vielleicht nicht einmal die Vögel. Die Abreise hatte durchaus nichts Behagliches.

Der Baum kam erst wieder zu sich selbst, als er im Hofe mit anderen Bäumen abgeladen war und einen Mann sagen hörte: „Der hier ist prächtig! Wir brauchen nur den!" Nun kamen zwei Diener im vollen Staat und trugen den Tannenbaum in eine großen, schönen Saal. Ringsherum an den Wänden hingen Bilder, und bei dem großen Kachelofen standen große chinesische Vasen mit Löwen auf den Deckeln; da waren Schaukelstühle, seidene Sofas, große Tische voll von Bilderbüchern und Spielzeug für hundertmal hundert Taler; wenigstens sagten das die Kinder. Der Tannenbaum wurde in ein großes, mit Sand gefülltes Fass gestellt, aber niemand konnte sehen, dass es ein Fass war, denn es wurde rundherum mit grünem Zeug behängt und stand auf einem großen, bunten Teppich.

Oh, wie der Baum bebte! Was würde nun noch kommen? Diener und Fräulein gingen hin und schmückten ihn. An einen Zweig hängten sie kleine Netze, aus farbigem Papier ausgeschnitten, jedes Netz war mit Zuckerwerk gefüllt; vergoldete Äpfel und Walnüsse hingen herab, als wären sie festgewachsen, und über hundert rote, blaue und weiße kleine Lichter wurden in den Zweigen festgesteckt. Puppen, die leibhaftig wie Menschen aussahen – der Baum hatte so etwas noch nie gesehen –, schwebten im Grünen, und hoch oben in der Spitze wurde ein Stern von Flittergold befestigt.

„Heute Abend", sagten alle, „heute Abend wird er erstrahlen!"
„Oh", dachte der Baum, „wäre es doch Abend! Würden nur die Lichter bald angezündet! Und was dann wohl geschieht? Ob da wohl Bäume aus dem Walde kommen, mich zu sehen? Ob die Sperlinge gegen die Fensterscheiben fliegen? Ob ich hier festwachse und Winter und Sommer geschmückt stehen werde?"
Ja, er wusste gut Bescheid; aber er hatte ordentlich Borkenschmerzen vor lauter Sehnsucht, und Borkenschmerzen sind für einen

Baum ebenso schlimm wie Kopfschmerzen für uns andere.

Nun wurden die Lichter angezündet. Welcher Glanz, welche Pracht! Der Baum bebte in allen Zweigen dabei, sodass eins der Lichter das Grüne anbrannte; es sengte ordentlich. „Gott bewahre uns!", schrien die Fräulein und löschten es hastig aus.
Nun durfte der Baum nicht einmal beben. Oh, das war ein Grauen. Ihm war bange, etwas von seinem Staate zu verlieren; er war ganz betrübt von all dem Glanze. Da gingen beide Flügeltüren auf, und eine Menge Kinder stürzten herein, als wollten sie den ganzen Baum umwerfen, die älteren Leute kamen bedächtig nach. Die Kleinen standen ganz stumm, aber nur einen Augenblick, dann jubelten sie wieder, dass es laut schallte, sie tanzten um den Baum herum, und ein Geschenk nach dem anderen wurde abgepflückt.

„Was machen sie?", dachte der Baum. „Was soll geschehen?"

Die Lichter brannten gerade bis auf die Zweige herunter, und je nachdem sie niederbrannten, wurden sie gelöscht, und dann erhielten die Kinder die Erlaubnis, den Baum zu plündern. Oh, sie stürzten auf ihn los, dass es in allen Zweigen knackte; wäre er nicht mit der Spitze an der Decke festgemacht gewesen, so wäre er umgestürzt.

Die Kinder tanzten mit ihrem prächtigen Spielzeug herum, niemand sah nach dem Baume, ausgenommen das alte Kindermädchen, welches kam und zwischen die Zweige blickte; aber es geschah nur, um zu sehen, ob nicht noch eine Feige oder ein Apfel vergessen sei.

„Eine Geschichte, eine Geschichte!", riefen die Kinder und zogen einen kleinen, dicken Mann gegen den Baum hin, und er setzte sich gerade darunter. „Denn so sind wir im Grünen", sagte er, „und der Baum kann nur Vorteil davon haben, wenn er zuhört! Aber ich erzähle nur eine Geschichte. Wollt ihr die von Ivede-Avede oder die von Klumpe-Dumpe hören, der die Treppe herunterfiel und doch erhört wurde und die Prinzessin erhielt?"
„Ivede-Avede!", schrien einige, „Klumpe-Dumpe!", schrien andere.
Das war ein Rufen und Schreien!
Der Mann erzählte von Klume-Dumpe, welcher die Treppe herunterfiel und doch erhört wurde und die Prinzessin erhielt.

Und die Kinder klatschten in die Hände und riefen: „Erzähle, erzähle!" Sie wollten auch die Geschichte von Ivede-Avede hören, aber sie bekamen nur die von Klumpe-Dumpe. Der Tannenbaum stand ganz stumm und gedankenvoll, nie hatten die Vögel im Walde dergleichen erzählt.
„Klumpe-Dumpe fiel die Treppe hinunter und bekam doch die Prinzessin! Ja, ja, so geht es in der Welt zu!", dachte der Tannenbaum und glaubte, dass es wahr sei, weil es ein so netter Mann war, der es erzählte. „Ja, ja! Vielleicht falle ich auch die Treppe hinunter und bekomme die Prinzessin!" Und er freute sich, den nächsten Tag wieder mit Lichtern und Spielzeug, Gold und Früchten aufgeputzt zu werden.

„Morgen werde ich nicht zittern!", dachte er. „Ich will mich recht meiner Herrlichkeit freuen. Morgen werde ich wieder die Geschichte von Klumpe-Dumpe und vielleicht auch die von Ivede-Avede hören."

Und der Baum stand die ganze Nacht still und gedankenvoll.
Am Morgen kamen die Diener und das Mädchen herein.
„Nun beginnt der Staat aufs neue!", dachte der Baum; aber sie schleppten ihn zum Zimmer hinaus, die Treppe hinauf, auf den Boden, und stellten ihn in einen dunklen Winkel, wohin kein Tageslicht schien.

„Was soll das bedeuten?", dachte der Baum. „Was soll ich hier wohl machen? Was soll ich hier wohl hören?" Er lehnte sich gegen die Mauer und dachte und dachte. Und er hatte Zeit genug, denn es vergingen Tage und Nächte; niemand kam herauf, und als endlich jemand kam, so geschah es, um einige große Kästen in den Winkel zu stellen; der Baum stand ganz versteckt, man musste glauben, dass er ganz vergessen war.

„Nun ist es Winter draußen!", dachte der Baum. „Die Erde ist hart und mit Schnee bedeckt, die Menschen können mich nicht pflanzen; deshalb soll ich wohl bis zum Frühjahr hier im Schutz stehen! Wie wohl bedacht ist das! Wie die Menschen doch so gut sind! Wäre es hier nur nicht so dunkel und schrecklich einsam! Nicht einmal ein kleiner Hase! Das war doch niedlich da draußen im Walde, wenn der Schnee lag und der Hase vorbeisprang, ja selbst als er über mich hinwegsprang; aber damals mochte ich es nicht leiden. Hier oben ist es doch schrecklich einsam!"

„Piep, piep!", sagte da eine kleine Maus und huschte hervor, und dann kam noch eine kleine. Sie beschnupperten den Tannenbaum, und dann schlupften sie zwischen seine Zweige. „Es ist eine gräuliche Kälte!", sagten die kleinen Mäuse. „Sonst ist hier gut sein; nicht wahr, du alter Tannenbaum?"

„Ich bin gar nicht alt!", sagte der Tannenbaum „Es gibt viele, die weit älter sind denn ich!"

„Woher kommst du", fragten die Mäuse, „und was weißt du?" Sie waren gewaltig neugierig. „Erzähle uns doch von dem schönsten Ort auf Erden! Bist du dort gewesen? Bist du in der Speisekammer gewesen, wo Käse auf den Brettern liegen und Schinken unter der Decke hängen, wo man auf Talglicht tanzt, mager hineingeht und fett herauskommt?"

„Das kenne ich nicht", sagte der Baum, „aber den Wald kenne ich, wo die Sonne scheint und die Vögel singen!" Und dann erzählte er alles aus seiner Jugend. Die kleinen Mäuse hatten früher nie dergleichen gehört, und sie horchten auf und sagten: „Wie viel du gesehen hast! Wie glücklich du gewesen bist!"

„Ich?", sagte der Tannenbaum und dachte über das, was er selbst erzählte, nach. „Ja, es waren im Grunde ganz fröhliche Zeiten!" Aber dann erzählte er vom Weihnachtsabend, wo er mit Kuchen und Lichtern geschmückt war.

„Oh!", sagten die kleinen Mäuse, „wie glücklich du gewesen bist, du alter Tannenbaum!"

„Ich bin gar nicht alt!", sagte der Baum. „Erst in diesem Winter bin ich vom Walde gekommen! Ich bin in meinem allerbesten Alter, ich bin nur so aufgeschossen!"

„Wie schön du erzählst!", sagten die kleinen Mäuse, und in der nächsten Nacht kamen sie mit vier anderen kleinen Mäusen, die den Baum erzählen hören sollten, und je mehr er erzählte, desto deutlicher erinnerte er sich selbst an alles und dachte: „Es waren doch ganz fröhliche Zeiten! Aber sie können wiederkommen, können wiederkommen! Klumpe-Dumpe fiel die Treppe hinunter und erhielt doch die Prinzessin; vielleicht kann ich auch eine Prinzessin bekommen." Und dann dachte der Tannenbaum an eine kleine niedliche Birke, die draußen im Walde wuchs; das war für den Tannenbaum eine wirklich schöne Prinzessin.

„Wer ist Klumpe-Dumpe?", fragten die kleinen Mäuse. Da erzählte der Tannenbaum das ganze Märchen, er konnte sich jedes einzelnen Wortes entsinnen; die kleinen Mäuse waren aus reiner Freude bereit, bis an die Spitze des Raumes zu springen. In der folgenden Nacht kamen weit mehr Mäuse und am Sonntage sogar zwei Ratten, aber die meinten, die Geschichte sei nicht hübsch, und das betrübte die kleinen Mäuse, denn nun hielten sie auch weniger davon.
„Wissen Sie nur die eine Geschichte?", fragten die Ratten.
„Nur die eine", antwortete der Baum. „Die hörte ich an meinem glücklichsten Abend, aber damals dachte ich nicht daran, wie glücklich ich war."

„Das ist eine höchst jämmerliche Geschichte! Kennen Sie keine von Speck und Talglicht? Keine Speisekammergeschichte?"
„Nein!", sagte der Baum.
„Ja, dann danken wir dafür!", erwiderten die Ratten und gingen zu den Ihrigen zurück.

Die kleinen Mäuse blieben zuletzt auch weg, und da seufzte der Baum: „Es war doch ganz hübsch, als sie um mich herum saßen, die beweglichen kleinen Mäuse, und zuhörten, wie ich erzählte! Nun ist auch das vorbei. Aber ich werde daran denken, mich zu freuen, wenn ich wieder hervorgenommen werde." Aber wann geschah das? Es war eines Morgens, da kamen Leute und wirtschafteten auf dem Boden; die Kästen wurden weggesetzt, der Baum wurde hervorgezogen; sie warfen ihn freilich ziemlich hart gegen den Fußboden, aber ein Diener schleppte ihn gleich nach der Treppe hin, wo der Tag leuchtete.

„Nun beginnt das Leben wieder!", dachte der Baum; er fühlte die frische Luft, die ersten Sonnenstrahlen, und nun war er draußen im Hofe. Alles ging geschwind, der Baum vergaß völlig, sich selbst zu betrachten, da war so vieles ringsumher zu sehen. Der Hof stieß an einen Garten, und alles blühte darin, die Rosen hingen frisch und duftend über das kleine Gitter hinaus, die Lindenbäume blühten, und die Schwalben flogen umher und sagten: „Quirrevirrevit, mein Mann ist ge-

kommen!" Aber es war nicht der Tannenbaum, den sie meinten.

„Nun werde ich leben!", jubelte er und brei-
tete seine Zweige weit aus; aber ach, die waren alle vertrocknet und gelb; und er lag da
zwischen Unkraut und Nesseln. Der Stern
von Goldpapier saß noch oben in der Spitze
und glänzte im hellen Sonnenschein. Im
Hofe selbst spielten ein paar der munteren
Kinder, die zur Weihnachtszeit den Baum
umtanzt hatten und so froh über ihn gewesen waren. Eins der Kleinsten lief hin und
riss den Goldstern ab.
„Sieh, was da noch an dem hässlichen, alten
Tannenbaum sitzt!", sagte es und trat auf die
Zweige, sodass sie unter seinen Stiefeln
knackten.

Der Baum sah auf all die Blumenpracht im
Garten, er betrachtete sich selbst und
wünschte, dass er in seinem dunklen Winkel
auf dem Boden geblieben wäre. Er gedachte
seiner frischen Jugend im Walde, des lustigen
Weihnachtsabends und der kleinen Mäuse,
die so munter die Geschichte von Klumpe-
Dumpe angehört hatten.
„Vorbei, vorbei!", sagte der arme Baum.
„Hätte ich mich doch gefreut, als ich es noch
konnte! Vorbei, vorbei!"

Der Diener kam und hieb den Baum in kleine
Stücke, ein ganzes Bund lag da. Hell flackerte

es auf unter dem großen Braukessel. Der
Baum seufzte tief, und jeder Seufzer war einem kleinen Schusse gleich; deshalb liefen
die Kinder, die da spielten, herbei und setzten sich vor das Feuer, blickten hinein und
riefen: „Piff, paff!" Aber bei jedem Knalle,
der ein tiefer Seufzer war, dachte der Baum
an einen Sommerabend im Walde oder an
den Weihnachtsabend oder an Klumpe-
Dumpe, das einzige Märchen, welches er
gehört hatte und zu erzählen wusste – und
dann war der Baum verbrannt. Die Knaben
spielten im Garten, und der kleinste hatte
den Goldstern auf der Brust, den der Baum
an seinem glücklichsten Abend getragen:
Nun war der vorbei, und mit dem Baum war
es auch vorbei und mit der Geschichte auch;
vorbei, vorbei, und so geht es mit allen Geschichten!

Weihnachtskarte mit Tannen

Material:
roter Tonkarton (DIN A5)
Pappe
Bleistift
Schere
Tonpapier in verschiedenen
Grüntönen
Glitzer oder Glitzerklebestift
Alleskleber

Schwierigkeitsgrad:
mittel

Tipp

Neben Tannenbäumen kannst du auf die gleiche Weise natürlich auch andere Weihnachtsmotive auf deine Karten kleben, zum Beispiel Weihnachtskugeln, Glöckchen, Sterne oder Engel.

Und so geht's:

1. Lege den roten Tonkarton quer vor dich und falte ihn in der Mitte. So erhältst du eine Karte.

2. Stell dir aus Pappe eine Tannenbaumschablone her, indem du einen Tannenbaum darauf zeichnest und ausschneidest. Lege sie auf die grünen Tonpapiere und übertrage mithilfe eines Bleistifts die Umrisse. Stelle so viele Tannenbäume her, wie du brauchst, und schneide sie aus.

3. Streue reichlich Glitzer auf einen Teller. Bestreiche die Tannenspitzen auf einer Seite

mit Klebstoff und drücke sie vorsichtig in den Glitzer. Was nicht kleben bleibt, schüttelst du ab. Lass alle Bäumchen gut trocknen. Du kannst natürlich auch einen Glitzerkleber verwenden.

4. Ordne die Glitzerbäume auf der Vorderseite der Karte an. Sie können sich auch überlappen. Klebe sie fest, und fertig sind deine Weihnachtskarten.

Christmas Muffins

Zutaten:
125 g weiche Butter
120 g Zucker
1 TL Zimt
½ TL Nelkenpulver (z. B.
von Ostmann)
½ TL Muskat
1 Ei
300 g saure Sahne
250 g Mehl
2 ½ TL Backpulver
½ TL Natron
60 g Walnüsse, gehackt
200 g Vollmilchkuvertüre
Hagelzucker
weihnachtliche Schokoladen-
verzierung

Zubereitungszeit: 45 Min.
Backzeit: 25 Min.

Nährwerte pro Stück:
339/1423 kcal/kJ
6 g EW, 21 g F, 33 g KH

Und so geht's:

1. Backofen auf 180 Grad Celsius vorheizen. Butter, Zucker und Gewürze schaumig schlagen. Ei und saure Sahne zugeben und verrühren. Mehl, Backpulver und Natron mischen, sieben und nach und nach mit den Nüssen unter die Ei-Butter-Mischung ziehen.

2. Teig in ein mit Papierförmchen ausgelegtes Muffinblech füllen, 20 bis 25 Minuten backen, aus den Mulden nehmen und auskühlen lassen.

3. Kuvertüre nach Packungsanweisung schmelzen, Muffins damit verzieren, mit Hagelzucker bestreuen und mit weihnachtlichen Süßigkeiten garniert servieren.

4. Ergibt ca. 12 Stück.

Aufstand im Kinderzimmer

Helga M. Mau

Familie Sommer saß am zweiten Advent mit den achtjährigen Zwillingen Judith und Jan am Frühstückstisch. Am Adventskranz brannten schon zwei Kerzen. Es war so recht gemütlich. Frau Sommer sah ihre Kinder an und fragte: „Na, Judith und Jan, habt ihr denn in diesem Jahr schon eure Wunschzettel geschrieben? Es ist ja schließlich in zwei Wochen Weihnachten."

„Ja", sagte Jan, „ich brauche dringend so ein tolles Computerspiel von der Firma Caputofix, meine Freunde haben schon alle eins. Das muss ich unbedingt zu Weihnachten kriegen."
„Und ich", piepste Judith dazwischen, „ich möchte gerne eine vollautomatische Puppenküche, so eine tolle, die wir im Schaufenster gesehen haben. Gestern in dem bunten Prospekt waren auch so schöne Sachen. Da würde mir einiges gefallen."

„Langsam, langsam", sagte die Mutter. „Ich glaube, wir gehen erst mal in euer Kinderzimmer. Ich meine, bevor euch auch nur ein Wunsch erfüllt wird, müsst ihr zuerst aufräumen. In eurem Zimmer ist ein furchtbares Durcheinander. Ich würde vorschlagen, wir sortieren mal eure Spielsachen, erneuern das eine oder andere und besorgen neue Batterien oder die Puppen bekommen neue Kleider. Müssen es denn immer so teure Wünsche sein? – Kommt mit, wir gehen in euer

Zimmer, da bekommt man kein Bein mehr auf die Erde, so voll Spielsachen ist alles."

Widerwillig gingen Judith und Jan mit ins Kinderzimmer. Hier herrschte das absolute Chaos!
„Pah ...", machte Jan. „Sonntags aufräumen, ich hab keinen Bock, ich will fernsehen!"
„Auch keinen Bock!", echote Judith. Aber Sie war ein bisschen einsichtiger als ihr Bruder und lenkte ein. „Na ja, Mama", sagte sie, „vielleicht ist das gar keine so schlechte Idee, wenn zu Weihnachten alle Spielsachen ein bisschen erneuert werden. Meine Puppe Lena braucht dringend ein neues Kleid und die Susi hat auch keine volle Batterie mehr."
„Na, wir werden mal sehen, was sich machen lässt, wenn Papa und ich nächste Woche beim Christkind vorbeischauen und euren Wunschzettel abgeben", zwinkerte die Mutter Judith zu.
Jan hörte schon nur noch mit halbem Ohr hin: „Aber vergiss nicht, dass auf dem Wunschzettel dieses Computerspiel steht, ich muss es unbedingt haben!"

So war das am Sonntagmorgen, dem zweiten Advent, bei der Familie Sommer. Nachdem sich die Wogen wieder geglättet und alle das Kinderzimmer verlassen hatten, hopste der Teddybär Brummi von Jans Bett herunter. Eins von seinen Plüschbeinen war schon etwas locker und deswegen musste er humpeln.

Wütend hinkte er im Kinderzimmer hin und her.
„Pssst, pssst ... Kommt mal alle raus, kommt mal alle raus!", rief er.

In allen Ecken rumorte es und langsam krochen alle hervor. Da kam die Puppe Lena mit ihrem schmuddeligen Kleid, Puppe Susi schleppte sich bis in die Mitte des Zimmers. Ihre Batterie machte nur noch „jüm, jüm, jüm". Die Lokomotive von Jans Eisenbahn macht auch nur noch müde „tuuuf – tuuuf – tuuuf". Die Batterie vom fernlenkbaren Auto war auch schon mächtig schwach.
„Sssss – sssss – ssss", so kam es ganz langsam an.

„Was ist los?", rief es von allen Seiten.
„Habt ihr das gehört?", rief der Teddy erbost.
„Ja, ja", winkte die Puppe Lena ab, „das kennen wir ja schon, jedes Weihnachten das gleiche, immer kommen neue Geschenke dazu, und wir werden in die Ecke geschmissen."

Da sprang der bunte Clown Fifikus in die Mitte des Zimmers.
„Ha", rief er, „ich habe eine Idee, wir hauen einfach ab."
„Ja!", jubelte die Lokomotive. „Ich aktiviere noch mal meine Batterien und dann fahren wir los, auf meinen Anhängern habt ihr alle Platz. Wir fahren hinaus in die weite Welt und suchen uns Kinder, die sich trotzdem über uns freuen und mit uns spielen, obwohl wir nicht mehr so schön und neu sind."
Nun redeten alle aufgeregt durcheinander, alle waren plötzlich sehr munter. Das große Abenteuer konnte beginnen.

Die Lokomotive machte eine Runde durchs Kinderzimmer, alle Spielsachen stiegen ein und los ging's – auf einem Sonnenstrahl durchs offene Kinderzimmerfenster und draußen waren sie. Die Lokomotive holte noch einmal alles aus ihren Batterien heraus und „tuff, tuff, tuff" ging es durch die weihnachtliche Stadt. Aber so sehr sie auch suchten, sie fanden keine Kinder, die sie überhaupt beachteten. Viele Erwachsene hasteten schwer bepackt vorbei, viele Kinder sahen sie, aber alle hatten nur Augen für die hell erleuchteten Schaufenster, in denen die funkelnagelneuen Spielsachen standen.

Die Batterien von der Lokomotive wurden immer schwächer und „tuuf, tuuuf, tuuuuf", fuhr sie immer langsamer und blieb schließlich an einer Bank stehen, auf der eine Frau

traurig und erschöpft saß. Der bunte Clown Fifikus sprang vom Zug und sagte: „Guten Tag, darf ich vorstellen, dies sind meine Freunde, in die Ecke geschmissene, alte Spielsachen. Wir sind auf der Suche nach Kindern, die uns so mögen wie wir sind."
„Ach", sagte die Frau, „das trifft sich sehr gut. Ich wohne in einem Haus am Stadtrand, dort sind viele Familien mit vielen Kindern untergebracht. Die haben sehr wenig Geld. Ich glaube, sie würden sich sehr freuen, wenn unter ihrem kleinen Weihnachtsbaum so wunderschöne Spielsachen liegen würden."

„Tja", seufzte Brummi, der Teddy, „das ist es ja eben, wir sind alle nicht mehr so ganz neu." Und er zeigte auf sein lockeres Bein. „Alles halb so schlimm", sagte die Frau und nun ging ein fröhliches Strahlen über ihr Gesicht. „Ihr kommt jetzt alle mit und dann werden wir mal sehen, wie wir euch bis Weihnachten wieder hübsch machen." Das ließen sich die Spielsachen nicht zweimal sagen! Und „tuuuf, tuuf, tuuuf", fuhren sie mit der Frau mit.

Tagelang wurden nun alle Spielsachen erneuert, alle bekamen frische Batterien, die Puppen bekamen neue Kleider. Alle Spielsachen glänzten wieder fast wie neu. Endlich kam der Heilige Abend, alle Spielsachen waren sehr aufgeregt. Sie bauten sich unter dem Weihnachtsbaum der Familie Sommer auf

und warteten sehr geduldig auf die Kinder. Da wurden zuerst jede Menge Weihnachtslieder gesungen – von „O Tannenbaum" bis „Stille Nacht, Heilige Nacht" war alles dabei. Die Augen der Kinder glänzten mit den Kerzen um die Wette. Für jedes Kind war ein schönes Spielzeug unter dem Weihnachtsbaum und alle waren sehr zufrieden.

In der Nacht, als dann die Kinder schliefen, trafen sich die Spielsachen noch einmal unter dem Weihnachtsbaum. Der Teddy Brummi war völlig erschöpft, so sehr war er lange nicht mehr gedrückt worden. Die Puppe Susi sang immer noch leise vor sich hin, Lena drehte sich in ihrem schönen Kleid. Sie fassten sich bei den Händen und alle tanzten um den Weihnachtsbaum. Alle waren lange nicht so glücklich gewesen.

Fröhliche Weihnacht

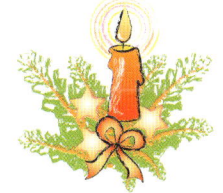

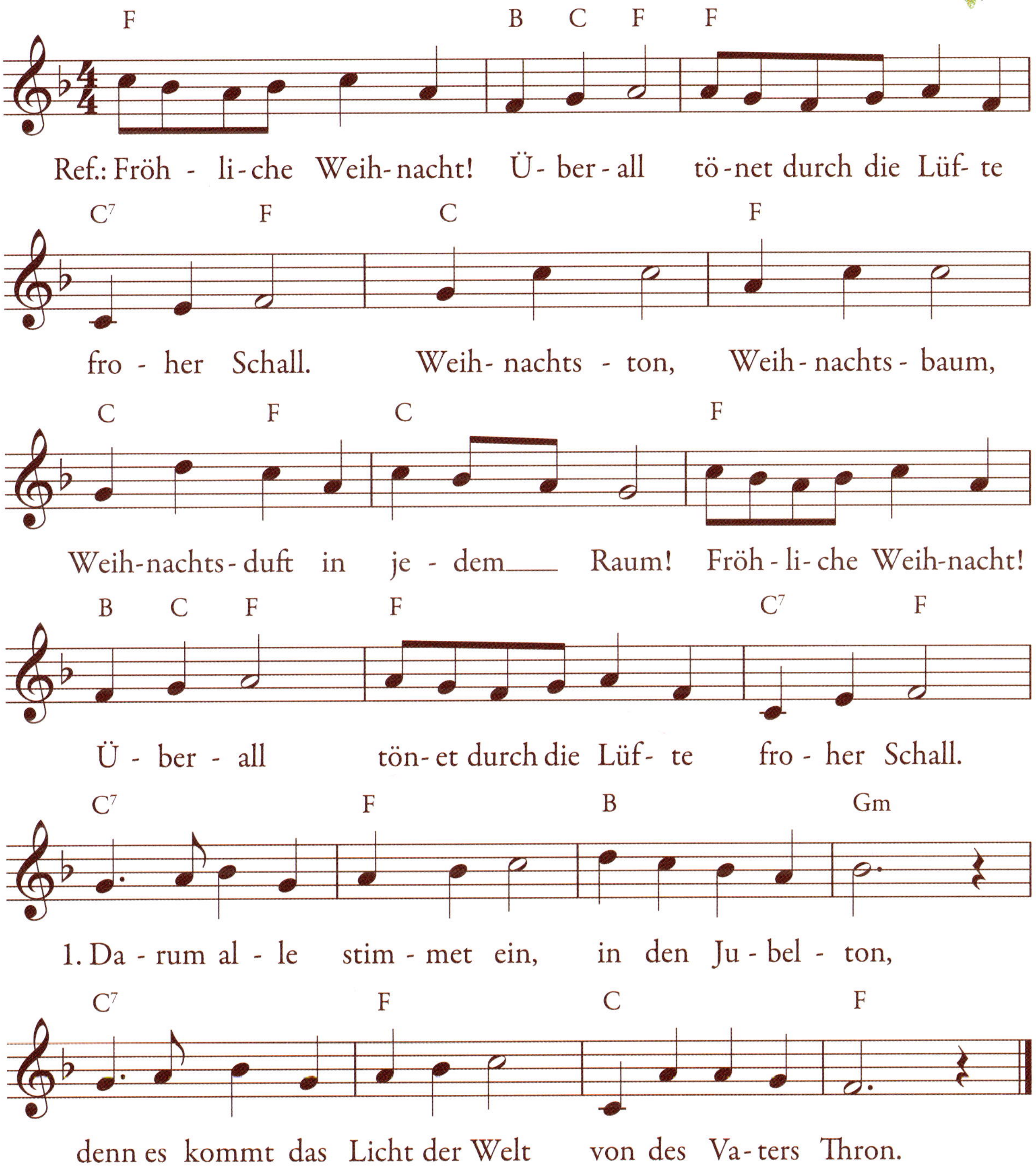
F B C F F
Ref.: Fröh - li - che Weih - nacht! Ü - ber - all tö - net durch die Lüf - te
C7 F C F
fro - her Schall. Weih - nachts - ton, Weih - nachts - baum,
C F C F
Weih - nachts - duft in je - dem Raum! Fröh - li - che Weih - nacht!
B C F F C7 F
Ü - ber - all tön - et durch die Lüf - te fro - her Schall.
C7 F B Gm
1. Da - rum al - le stim - met ein, in den Ju - bel - ton,
C7 F C F
denn es kommt das Licht der Welt von des Va - ters Thron.

Worte und Weise: Volkslied aus England

Das Weihnachtsevangelium

Lukas 2/1-20

Es begab sich aber zu der Zeit, dass ein Gebot vom Kaiser Augustus ausging, dass alle Welt geschätzt würde. Und diese Schätzung war die allererste und geschah zu der Zeit, da Quirinius Landpfleger zu Syrien war. Und jedermann ging, dass er sich schätzen ließe, ein jeglicher in seine Stadt. Da machte sich auch auf Joseph aus Galiläa, aus der Stadt Nazareth, in das jüdische Land, zur Stadt Davids, die da heißt Bethlehem, darum dass er von dem Hause und Geschlecht Davids war, auf dass er sich schätzen ließe mit Maria, seinem vertrauten Weibe. Die war schwanger und als sie daselbst waren, kam die Zeit, dass sie gebären sollte.

Und sie gebar ihren ersten Sohn und wickelte ihn in Windeln und legte ihn in eine Krippe, denn sie hatten sonst keinen Raum in der Herberge. Und es waren Hirten in derselben Gegend auf dem Felde bei den Hürden, die hüteten des Nachts ihre Herde. Und siehe, des Herrn Engel trat zu ihnen, und die Klarheit des Herrn leuchtete um sie; und sie fürchteten sich sehr.

Und der Engel sprach zu ihnen: Fürchtet euch nicht; siehe, ich verkündige euch große Freude, die allem Volk widerfahren wird; denn euch ist heute der Heiland geboren, welcher ist Christus, der Herr, in der Stadt Davids. Und das habt ihr zum Zeichen: Ihr werdet finden das Kind in Windeln gewickelt, und in einer Krippe liegend. Und alsobald war da bei dem Engel die Menge der himmlischen Heerscharen, die lobten Gott und sprachen: Ehre sei Gott in der Höhe, und Friede den Menschen auf Erden, und den Menschen ein Wohlgefallen!

Und da die Engel von ihnen gen Himmel fuhren, sprachen die Hirten untereinander: Lasst uns nun gehen gen Bethlehem, und die Geschichte sehen, die da geschehen ist, die uns der Herr kundgetan hat. Und sie kamen eilend und fanden beide, Maria und Joseph, dazu das Kind in der Krippe liegen. Da sie es aber gesehen hatten, breiteten sie das Wort aus, welches zu ihnen von diesem Kinde gesagt war. Und alle, vor die es kam, wunderten sich der Rede, die ihnen die Hirten gesagt hatten. Maria aber behielt alle diese Worte und bewegte sie in ihrem Herzen. Und die Hirten kehrten wieder um, priesen und lobten Gott um alles, was sie gehört und gesehen hatten, wie denn zu ihnen gesagt war.

Christstollen Dresdner Art

Zutaten:

800 g Weizenmehl Type 550
2 Würfel Hefe
¼ l lauwarme Milch
100 g Zucker
je 100 g Zitronat und Orangeat
je 150 g Sultaninen und
Korinthen
200 g Mandeln, gehackt
2 El Rum

2 Päckchen Vanillezucker
1 Prise Salz
1 Msp. Kardamom, gemahlen
250 g weiche Butter, 2 Eier
abgeriebene Schale von
1 Zitrone (unbehandelt)
Fett für das Blech
100 g Butter zum Bestreichen
40 g Puderzucker

Zubereitungszeit:
60 Min.
Ruhezeit:
100 Min.
Backzeit:
70 Min.

Nährwerte pro Stück:
2280/9540 kcal/kJ
43 g EW, 108 g F, 278 g KH

Und so geht's:

1. Für den Vorteig Mehl in eine Schüssel geben, eine Mulde hineindrücken und Hefe in die Mitte bröckeln. Mit etwas Milch und 1 EL Zucker verrühren und zugedeckt ca. 30 Minuten an einem warmen Ort gehen lassen.

2. Zitronat und Orangeat klein hacken. Sultaninen und Korinthen waschen und trocken tupfen. Kandierte und getrocknete Früchte mit den Mandeln mischen und mit Rum übergießen. Gut durchziehen lassen.

3. Restliche Zutaten zum Vorteig geben und mit den Händen ca. 10 Minuten kräftig durchkneten. Zugedeckt 40 Minuten an einem warmen Ort gehen lassen.

4. Früchtemischung unter den Vorteig kneten, in vier Portionen teilen und diese zu dicken Stangen formen. Leicht ausrollen, sodass der Teig in der Mitte dünner ist als an den Rändern, und Ovale längs zusammenklappen. Stollen auf gefettete Bleche legen und zugedeckt 30 Minuten gehen lassen.

5. Backofen auf 200 Grad Celsius vorheizen, Stollen hineinschieben, zunächst 15 Minuten, dann weitere 55 Minuten bei 180 Grad Celsius backen.

6. Butter schmelzen lassen, heißen Stollen damit bestreichen und mit Puderzucker bestäuben. Vor dem Servieren nochmals mit Puderzucker bestäuben.

7. Ergibt 4 Stollen.

Weihnachtsgrüße in anderen Ländern

Frohe Weihnachten heißt auf ...

Afrikaans: Geseënde Kersfees (Gösiende Kärschfiäs)

Brasilianisches Portugiesisch: Feliz Natal (Felis Natau)

Bulgarisch: Честита Коледа (Tschestita Koleda)

Dänisch: Glædelig Jul (Glädeg Jul)

Englisch: Merry Christmas (Märi Krismäs)

Finnisch: Hyvää Oulua (Hüwää jolua)

Französisch: Joyeux Noël (Schoajeu Noäl)

Griechisch: Καλά Χριστούγεννα (kala chistujena)

Holländisch: Vrolijke Kerstmis (Frolike Kersmis)

Irisch: Nollaig Shona (Nolläg Honna)

Isländisch: Gleðileg Jól (Glädeleg Jol)

Italienisch: Buon Natale (Buon Natale)

Kroatisch: Sretan Božić (Sretan Boschitsch)

Norwegisch: God Jul (Guu Jül)

Polnisch: Wesołych Świat (Wesauik Schant)

Portugiesisch: Feliz Natal (Felisch Natal)

Rumänisch: Sărbători Fericite (Sarbator Feritschita)

Russisch: С Рождеством (ßröschdeßtwóm)

Schwedisch: God Jul (Guu Jül)

Slowakisch: Veselé Vianoce (Wesselee Wianoze)

Spanisch: Feliz Navidad (Felis Navidad)

Ungarisch: Kellemes karácsonyt (Källämäsch Koratschoint)

Tschechisch: Veselé Vánoce (Wessellee Wanotse)

Türkisch: İyi Noeller (I noäller)

Der Stern

Wilhelm Busch

Hätt' einer auch fast mehr Verstand
als die drei Weisen aus Morgenland,
und ließe sich dünken, er wär' wohl nie
dem Sternlein nachgereist wie sie.
Dennoch, wenn nun das Weihnachtsfest
seine Lichtlein wonniglich scheinen lässt,
fällt auch auf sein verständig Gesicht,
er mag es merken oder nicht,
ein freundlicher Strahl
des Wundersternes von dazumal.

Kleines Gebet

Volksgut

Christkindlein, ich bitte dich:
Denk im Himmel auch an mich!
Teile deine Gaben aus,
bring mir recht viel Glück ins Haus!

Das kleine Mädchen mit den Schwefelhölzern

Hans Christian Andersen

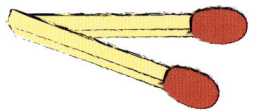

Es war so schrecklich kalt; es schneite und es begann, dunkler Abend zu werden. Es war der letzte Abend des Jahres, Silvesterabend. In dieser Kälte und Finsternis ging auf der Straße ein armes, kleine Mädchen mit bloßem Kopf und nackten Füßen. Als sie von zu Hause wegging, hatte sie freilich Pantoffeln. Ihre Mutter hatte sie zuletzt getragen, so groß waren sie. Aber nun hatte die Kleine sie verloren, als sie über die Straße lief, weil zwei Wagen sie beinahe niedergestoßen hätten. Der eine Pantoffel war nicht mehr zu finden, und mit dem anderen lief ein Junge fort.

Da ging nun das kleine Mädchen auf den nackten, kleinen Füßen, die rot und blau vor Kälte waren. In ihrer alten Schürze trug sie eine Menge Schwefelhölzer, und einen Bund davon hielt sie in der Hand. Niemand hatte ihr den ganzen langen Tag über etwas abgekauft, niemand ihr einen Groschen geschenkt. Hungrig und zitternd vor Kälte ging sie und sah ganz eingeschüchtert aus, die arme Kleine.

Die Schneeflocken fielen auf ihr langes, blondes Haar, das sich in schönen Locken um den Nacken ringelte. Aus allen Fenstern glänzten die Lichter, und bis hinaus auf die Straße roch es so herrlich nach Gänsebraten; es war ja Silvesterabend. Ja, nur daran dachte sie.

In einem Winkel zwischen zwei Häusern, von denen das eine mehr vorsprang als das andere, setzte sich die Kleine hin und kauerte sich zusammen.

Ihre kleinen Hände waren beinahe starr vor Kälte. Ach, ein kleines Schwefelhölzchen könnte guttun. Sie zog eines heraus und ritsch! Es war eine warme, helle Flamme, wie ein kleines Licht; sie hielt die Hände gewölbt darüber.

Welch wunderbares Lichtchen! Es schien dem kleinen Mädchen, als säße es vor einem großen, eisernen Ofen mit blanken Messingkugeln und einem Messingrohr. Wie brannte das Feuer, wie wärmte es gut! Ja, was war das nun! Die Kleine streckte die Füße aus, um auch diese zu erwärmen – da erlosch das Flämmchen. Der Ofen verschwand, und sie saß da mit dem kleinen Stück eines abgebrannten Schwefelhölzchens in der Hand.

Die Kleine zündete ein neues Hölzchen an. Da saß sie nun unter dem herrlichsten Christbaum. Das Mädchen streckte beide Hände danach aus – da erlosch das Schwefelhölzchen. Die Weihnachtslichter aber stiegen höher und höher, das waren jetzt die hellen Sterne am Himmel, und einer von ihnen fiel herunter, einen langen Feuerstreifen nach sich ziehend.

„Jetzt stirbt jemand!", dachte das kleine Mädchen, denn die alte Großmutter, die einzige, die lieb zu ihr gewesen, nun aber tot war, hatte gesagt: Wenn ein Stern vom Himmel fällt, dann steigt eine Seele hinauf zu Gott.

Die Kleine strich wieder ein Hölzchen an der Mauer an, da leuchtete es ringsumher, und in dem Glanz stand auf einmal die alte Großmutter, so klar, so schimmernd, so mild und liebevoll.

„Großmutter!", rief die Kleine. „Nimm mich mit! Ich weiß, du bist fort, wenn das Hölzchen abgebrannt ist, genauso wie der warme Ofen und der strahlende Christbaum!"

Und dann strich sie schnell den ganzen Bund Schwefelhölzchen an, denn sie wollte die Großmutter recht festhalten, und die Schwefelhölzchen leuchtete mit solchem Glanz, dass es heller war als der lichte Tag.

Die Großmutter war früher nie so schön, so groß gewesen. Sie hob das kleine Mädchen auf ihren Arm, und sie flogen in Glanz und Freude hoch über die Erde, unendlich hoch und weit. Und dort oben war keine Kälte, das Mädchen verspürte keinen Hunger mehr, keine Angst und keine Not – sie war nun bei Gott.

Im Winkel, an die Mauer gelehnt, saß in der kalten Morgenstunde das arme Mädchen mit roten Backen und einem Lächeln um den Mund – tot, erfroren am letzten Abend des alten Jahres. Rot und eisig ging die Neujahrssonne über der kleinen Toten auf, die den Bund abgebrannter Zündhölzer noch in den Händen hielt. „Sie wollte sich wärmen!", sagten die Leute.

Niemand wusste, was sie Schönes gesehen hatte, in welchem Glanz sie mit der Großmutter in das Reich Gottes eingegangen war.

Drei Könige

Peter Cornelius

Drei Könige wandern aus Morgenland,
ein Sternlein führt sie zum Jordanstrand,
in Juda fragen und forschen die drei,
wo der neugeborne König sei.
Sie wollen Weihrauch, Myrrhen und Gold
zum Opfer weihen dem Kindlein hold.

Und hell erglänzet des Sternes Schein,
zum Stalle gehen die Könige ein,
das Knäblein schauen sie wonniglich,
anbetend neigen die Könige sich,
sie bringen Weihrauch, Myrrhen und Gold
zum Opfer dar dem Knäblein hold.

O Menschenkind, halte treulich Schritt,
die Könige wandern, o wandere mit!
Der Stern des Friedens, der Gnade Stern
erhelle dein Ziel, wenn du suchest den
Herrn;
Und fehlen dir Weihrauch, Myrrhen und
Gold,
schenke dein Herz dem Knäblein hold!

Register